CIÊNCIAS
MARCHA CRIANÇA
5º ANO

Maria Teresa Marsico
Professora graduada em Letras pela Universidade Federal do Rio de Janeiro (UFRJ) e em Pedagogia pela Sociedade Unificada de Ensino Superior Augusto Motta. Atuou por mais de trinta anos como professora de Educação Infantil e Ensino Fundamental das redes municipal e particular no município do Rio de Janeiro.

Maria Elisabete Martins Antunes
Professora graduada em Letras pela Universidade Federal do Rio de Janeiro (UFRJ). Atuou durante trinta anos como professora titular em turmas do 1º ao 5º ano na rede municipal de ensino do Rio de Janeiro.

Armando Coelho de Carvalho Neto
Atua desde 1981 com alunos e professores das redes oficial e particular de ensino do Rio de Janeiro. Desenvolve pesquisas e estudos sobre metodologias e teorias modernas de aprendizado. É autor de obras didáticas para Ensino Fundamental e Educação Infantil desde 1993.

Agora você também consegue acessar o *site* exclusivo da **Coleção Marcha Criança** por meio deste QR code.

Basta fazer o *download* de um leitor QR code e posicionar a câmera de seu celular ou *tablet* como se fosse fotografar a imagem acima.

editora scipione

editora scipione

Diretoria de conteúdo e inovação pedagógica
Mário Ghio Júnior

Diretoria editorial
Lidiane Vivaldini Olo

Gerência editorial
Luiz Tonolli

Editoria de Anos Iniciais
Tatiany Telles Renó

Edição
Tais Freire Rodrigues

Arte
Ricardo de Gan Braga (superv.),
Andréa Dellamagna (coord. de criação),
Gláucia Correa Koller (progr. visual de capa e miolo),
Eber Alexandre de Souza (editor de arte),
Letícia Lavôr (assist.) e Casa de Tipos (diagram.)

Revisão
Hélia de Jesus Gonsaga (ger.),
Rosângela Muricy (coord.),
Ana Paula Chabaribery Malfa, Luís Maurício Boa Nova
e Vanessa de Paula Santos

Iconografia
Sílvio Kligin (superv.), Claudia Balista (pesquisa),
Cesar Wolf e Fernanda Crevin (tratamento de imagem)

Ilustrações
ArtefatoZ (capa), Cassiano Röda, Ilustra Cartoon,
J. Rodrigues, Julio Dian, Jurandir Ribeiro, Kazuhiko,
Luis Moura, Luiz Iria, Osni de Oliveira
e Studio ALLME

Cartografia
Eric Fuzii, Marcelo Seiji Hirata, Marcio Souza,
Robson Rosendo da Rocha e Allmaps

> Os textos sem referência são de autoria de Maria Teresa Marsico e Armando Coelho.

Direitos desta edição cedidos à Editora Scipione S.A.
Avenida das Nações Unidas, 7221, 3º andar, Setor D
Pinheiros – São Paulo – SP – CEP 05425-902
Tel.: 4003-3061
www.scipione.com.br / atendimento@scipione.com.br

Dados Internacionais de Catalogação na Publicação (CIP)
(Câmara Brasileira do Livro, SP, Brasil)

Marsico, Maria Teresa
  Marcha criança : ciências , 5º ano : ensino fundamental / Maria Teresa Marsico, Maria Elisabete Martins Antunes, Armando, Coelho de Carvalho Neto.– – 13. ed. – – São Paulo : Scipione, 2015. – – (Coleção marcha criança)

  Bibliografia.

  1. Ciências (Ensino fundamental) I. Antunes, Maria Elisabete Martins. II. Carvalho Neto, Armando Coelho de. III. Título. IV Série.

15-02823   CDD-372.35

Índice para catálogo sistemático:
1. Ciências : Ensino fundamental   372.35

2018
ISBN 978 85 262 9578 0 (AL)
ISBN 978 85 262 9577 3 (PR)
Cód. da obra CL 738995
CAE 541664 (AL) / 541646 (PR)
13ª edição
6ª impressão

Impressão e acabamento
Bercrom Gráfica e Editora

Apresentação

Querido aluno, querida aluna,

Preparamos este livro com muito carinho especialmente para você. Ele está repleto de situações e atividades motivadoras, que certamente despertarão seu interesse e lhe proporcionarão muitas descobertas. Esperamos que com ele você encontre satisfação no constante desafio de aprender!

Ao final de cada Unidade apresentamos a seção **Ideias em ação**. Nela, você e seus colegas colocarão em prática alguns dos conhecimentos adquiridos no decorrer de seus estudos.

Além disso, como novidade, temos a seção **O tema é...**, trazendo para você temas para discutir, opinar e conhecer mais. De modo envolvente, essa seção preparará você e seus colegas para compreender melhor o mundo em que vivemos.

Crie, opine, participe, aprenda e colabore para fazer um mundo melhor. E lembre-se sempre de compartilhar seus conhecimentos com todos a sua volta.

Bons estudos e um forte abraço,

Maria Teresa, Maria Elisabete e Armando

Conheça seu livro

Veja a seguir como o seu livro está organizado.

Unidade

Seu livro está organizado em quatro Unidades. As aberturas são em páginas duplas.
Em **Vamos conversar?** você e seus colegas discutem algumas questões e conversam sobre a imagem de abertura e o tema que permeará toda a Unidade.
Em **O que vou estudar?** você encontra um resumo do que vai aprender em cada Unidade.

Ideias em ação

Esta seção encerra a Unidade. Nela, você faz experimentos e constrói objetos seguindo algumas etapas.

Atividades

Momento de aplicar o conhecimento na prática por meio de atividades diversificadas.

Saiba mais

Seção com curiosidades ou informações mais detalhadas sobre alguns temas relativos à disciplina de Ciências.

O tema é...

Seção que traz temas para você discutir, opinar e aprender mais!

Sugestões para o aluno

Seleção de livros, CDs, *sites* e DVDs para complementar seus estudos e ampliar seus conhecimentos.

Glossário

Para facilitar o entendimento, você encontra o significado de algumas palavras no final do livro. Essas palavras aparecem destacadas no texto.

Materiais de apoio

Revista de Ciências

Revista que aborda uma grande variedade de temas científicos complementares. Cada edição contém uma reportagem especial de capa e diversas seções sobre meio ambiente, sustentabilidade, geração de energia, saúde, entre outros assuntos.
No fechamento de cada edição há uma divertida atividade para você testar seus conhecimentos e aprender ainda mais.

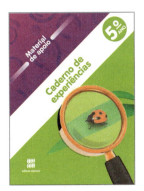

Caderno de experiências

Material no final do livro que contém instruções para a realização de diversas experiências. Nesse caderno, você segue as instruções passo a passo para criar experiências utilizando os materiais indicados no livro. Depois disso, você observa os resultados e responde às questões no fim de cada atividade.

Caderno de criatividade e alegria

Material no final do livro que traz atividades manuais criativas e divertidas para você aprofundar seus conhecimentos.

Página ⊕

No final do livro, você encontra uma página especial ilustrada, que destaca alguns dos assuntos explorados no livro.

Quando você encontrar estes ícones, fique atento!

 atividade oral   atividade no caderno   atividade em grupo

 Este ícone indica objetos educacionais digitais (OEDs) relacionados aos conteúdos do livro. Acesse: www.marchacrianca.com.br

Sumário

UNIDADE 1 — Universo e ambiente 8

Capítulo 1: O Universo 10
Observando o Universo 11
O tema é... Os satélites artificiais e o lixo espacial 14
Capítulo 2: O Sistema Solar 16
Satélites 17
Capítulo 3: O planeta Terra 21
A crosta terrestre 22
O manto 23
O núcleo 23
Transformações na crosta terrestre 24
Capítulo 4: OED A força gravitacional . 28
Capítulo 5: A camada de ozônio e o efeito estufa 31
O buraco na camada de ozônio 31
Ideias em ação: Construindo um vulcão 36

UNIDADE 2 — Os seres vivos 38

Capítulo 6: A diversidade de seres vivos .. 40
Capítulo 7: As plantas 42
De que as plantas precisam? 44
Fotossíntese 45
Respiração 46
Transpiração 46
Capítulo 8: Os animais 50
Classificação dos animais 50
A reprodução dos animais 56
Reprodução sexuada e assexuada 58
Capítulo 9: OED Os microrganismos 62
Bactérias 62
Fungos 62
Protozoários 63
Vírus 63
Capítulo 10: Os seres vivos e o ciclo de energia da natureza 66
A cadeia alimentar 68
O tema é... Lugar de macaco é na floresta 72
Ideias em ação: Criando habitat 76

UNIDADE 3 — Ser humano e saúde 78

Capítulo 11: O corpo humano 80
Capítulo 12: A estrutura do corpo humano 82
As células 82
Os tecidos 85
Capítulo 13: O sistema locomotor 88
O esqueleto 88
Os músculos 90
Capítulo 14: O sistema nervoso 96
Os órgãos dos sentidos 100
Capítulo 15: O sistema digestório 102
Capítulo 16: O sistema respiratório 105
Capítulo 17: O sistema cardiovascular 108
Capítulo 18: O sistema urinário 112
Capítulo 19: O sistema genital 114
O tema é... A montanha-russa hormonal 118
Capítulo 20: OED Higiene e saúde 120
Nutrição 123
Higiene alimentar 127
Capítulo 21: O saneamento básico 130
O tratamento da água 130
A rede de esgotos 131
A coleta do lixo 131
Capítulo 22: As doenças 136
Doenças causadas por microrganismos 137
Doenças causadas por vermes 142
Capítulo 23: Primeiros socorros 145
Sangramento 145
Fratura 145
Queimadura 146
Ferimento 146
Choque elétrico 146
Picada de inseto e envenenamento 147
Desmaio 147
Ideias em ação: Simulando os movimentos respiratórios 150

UNIDADE 4 — Matéria e energia 152

Capítulo 24: Matéria 154
A Terra e os estados físicos da matéria 154
A transformação da matéria 155
Propriedades da matéria 156
Capítulo 25: Energia 159
Tipos de energia 159
Capítulo 26: O calor 162
Efeitos do calor 162
Capítulo 27: A combustão 164
O biocombustível 167
Capítulo 28: OED A eletricidade 169
Usinas geradoras de energia elétrica 169
O tema é... Fontes renováveis de energia 172
Pequenos geradores de energia 174
Como se transporta a eletricidade 177
Circuito elétrico 178
Cuidados com a energia elétrica 179
Capítulo 29: O magnetismo 181
Os polos do ímã 182
O magnetismo da Terra 183
Ideias em ação: Abajur de lava 186
Sugestões para o aluno 188
Glossário 190
Bibliografia 192

UNIDADE 1

Universo e ambiente

Vamos conversar?

- Você já pensou em quantas coisas há para descobrir no espaço? E no interior da Terra?
- Você sabe como os cientistas fazem para explorar esses ambientes e fazer descobertas importantes para a ciência?

O que vou estudar?

- O Universo
- O Sistema Solar
- O planeta Terra
- A força gravitacional
- A camada de ozônio e o efeito estufa

Capítulo 1 — O Universo

Por meio de telescópios, podemos ver bilhões de galáxias que compõem o Universo. E cada uma delas contém bilhões de estrelas.

A galáxia em que está nosso planeta chama-se **Via Láctea**. Esse nome foi dado porque lembra um "caminho de leite" no céu.

O Universo, que costumamos chamar de espaço, é formado por grandes regiões vazias, galáxias, estrelas, planetas, satélites e cometas. Tudo o que vemos no espaço é chamado de **astro** ou **corpo celeste**.

Os astros podem ser **luminosos** ou **iluminados**.

Astro luminoso é aquele que tem luz própria, como o Sol e as outras estrelas. Astro iluminado é aquele que não tem luz própria; ele apenas reflete a luz que recebe de uma estrela. É o caso dos planetas, como a Terra; dos satélites, como a Lua; e dos planetas-anões, como Plutão.

Numa noite limpa, podemos ver o centro da Via Láctea na forma de uma faixa branca cruzando o céu.

Observando o Universo

A Astronomia é a ciência que estuda os corpos celestes, como as estrelas, os planetas e os cometas. Essa ciência requer vários instrumentos de observação e medição, como os telescópios, pois só por meio deles é possível estudar os astros e investigar os fenômenos do Universo.

O telescópio aumenta a imagem do que se quer observar, facilitando o estudo dos corpos celestes.

A ampliação da imagem e a distância que um telescópio pode alcançar é o que possibilita diversos estudos sobre o que está além do que podemos ver a olho nu. As lentes dos telescópios são como óculos extremamente potentes.

Os olhos são o instrumento mais básico de observação.

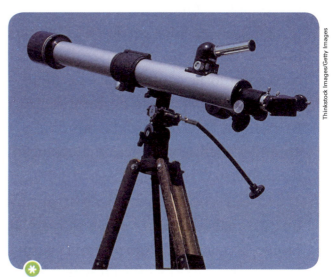

As lunetas e os telescópios nos permitem ver objetos distantes, como a Lua e alguns planetas.

Alguns observatórios possuem grandes telescópios e são construídos em locais elevados e com poucas nuvens.

Saiba mais

Telescópio Hubble

Desde o início da história da humanidade, o ser humano olha o céu e as estrelas com um misto de medo e fascínio. Nos últimos 400 anos, o ritmo das descobertas astronômicas aumentou. As últimas duas décadas, em especial, compõem a idade de ouro da investigação cósmica – e o responsável por isso é, em boa parte, o telescópio espacial Hubble.

O Hubble foi colocado em órbita pelo ônibus espacial Discovery, em abril de 1990, e não funcionou muito bem nos primeiros anos. Um erro de fabricação em um de seus espelhos, que distorcia as imagens, impediu sua utilização correta até 1995.

Com os devidos consertos, Hubble é hoje 100 vezes mais potente do que no dia de seu lançamento. Desde 1995, o telescópio já captou mais de meio milhão de imagens de deslumbrante beleza – e cada uma delas ajudou a entender melhor a origem e a evolução do Universo.

O telescópio espacial mostrou que, quanto mais distantes estão as estrelas, mais rápido elas viajam. O que estaria causando a aceleração da expansão do Universo é o tema que intriga os cientistas. A teoria mais aceita é a existência de uma força que se convencionou chamar de **energia escura**, de origem e magnitude ainda desconhecidas. "Além de recente, essa descoberta foi totalmente inesperada. A energia escura mudou o conceito de evolução do Universo que tínhamos até pouco tempo atrás", disse o astrônomo Roberto Dias da Costa, do Instituto de Astronomia da Universidade de São Paulo.

A aposentadoria do Hubble já foi anunciada várias vezes. Em todas as ocasiões, o telescópio pôde continuar a operar em razão dos consertos feitos por astronautas. Ele deve deixar de funcionar em 2018*, quando seu sucessor, o telescópio espacial James Webb, começar a operar a 1,5 milhão de quilômetros da Terra.

O telescópio Hubble fica no espaço, fora da atmosfera terrestre. Isso permite observações bem detalhadas.

* Segundo previsão feita em 2014.
Disponível em: <veja.abril.com.br/050510/desbravador-universo-p-146.shtml>.
Acesso em: 10 nov. 2014. (Texto adaptado).

Atividades

1 Responda.

a) O que a Astronomia estuda?

....

....

b) Para que serve um telescópio?

....

....

c) Se você fosse um astrônomo, o que gostaria de pesquisar? Qual seria a importância da sua pesquisa para a vida das pessoas?

....

....

2 Você já observou com atenção uma noite de céu estrelado? Como é o céu durante a noite na cidade onde você mora? É possível observar com facilidade os astros? Converse com os colegas e o professor sobre o assunto e registre abaixo sua observação por meio de um desenho.

O tema é...
Os satélites artificiais e o lixo espacial

Você já aprendeu que a Lua é um satélite natural e que ela gira em torno do planeta Terra. Os satélites artificiais recebem esse nome porque são construídos pelo ser humano. Eles desempenham funções importantes para a humanidade, tais como: comunicação, navegação, observação meteorológica, entre outros.

Os nanossatélites

Dentro das categorias de satélites, existem também os que são muito menores que os satélites que acabamos de conhecer e que também desempenham diversas funções: são os nanossatélites.

Pequenos ganham espaço

Criados em 1999 como uma ferramenta educacional, os nanossatélites (também chamados *cubesats*) tornaram-se um instrumento relativamente barato e rápido para coletar dados espaciais.

Entre os nanossatélites brasileiros que se preparam para ganhar o espaço, um deles, o Tancredo-1, se destaca por ter como construtores estudantes do Ensino Fundamental da escola municipal Tancredo de Almeida Neves, de Ubatuba, litoral norte de São Paulo.

O projeto teve início em 2010, quando o professor leu em uma revista que a Interorbital estava vendendo um *kit* de montagem do satélite e se encarregava de colocá-lo em órbita. Ele ligou então para a empresa para saber da possibilidade de montá-lo aqui no Brasil, com o apoio financeiro de um empresário local.

Os alunos envolvidos no projeto eram as pessoas mais jovens do mundo a fazer pesquisa espacial. A estudante Maryanna Conceição Silva, de 16 anos, é um dos jovens que fazem parte do projeto UbatubaSAT desde o seu início. Na época ela tinha 12 anos e cursava o 5º ano do Ensino Fundamental. E o que era apenas uma ideia em sala de aula transformou a vida de muitos estudantes, como a de Maryanna. Antes pouco interessada em ciência e tecnologia, hoje ela quer ser engenheira espacial.

Revista Pesquisa FAPESP. Disponível em: <http://revistapesquisa.fapesp.br/2014/05/15/pequenos-ganham-o-espaco/>. Acesso em: 27 jan. 2015. (Texto adaptado).

Imagem do segundo nanossatélite brasileiro e primeiro *cubesat* nacional, o NanosatC-Br1.

- Converse com seus colegas: vocês já haviam pensado na possibilidade de um dia trabalhar como engenheiros espaciais? Será que haveria campo de trabalho para esse tipo de profissão no Brasil? O que você gostaria de inventar se fosse um engenheiro espacial?

Lixo espacial: os detritos que poluem o espaço

Quando um objeto se quebra, o que sobra dele pode ser considerado resíduo, que deve ser corretamente descartado, não é mesmo? E a necessidade de reciclar ou descartar de forma correta é principalmente por conta dos problemas que esses resíduos podem causar ao meio ambiente. Então, o que fazer com os detritos que sobram dos satélites e foguetes lançados ao espaço pelo ser humano se eles estão orbitando em volta do planeta e são difíceis de serem recolhidos de volta para a Terra?

Poluição orbital

A 6ª Conferência sobre Lixo Espacial, realizada em abril de 2013 na Alemanha, anunciou que quase 29 mil objetos de comprimento maior do que dez centímetros — pedaços de satélites desativados, restos de foguetes, ferramentas deixadas por astronautas — estão girando ao redor da Terra, a uma velocidade média de 25 mil quilômetros por hora, quase 28 vezes a velocidade de um jato comercial. Já o número de resíduos entre dez centímetros e um milímetro superaria 170 milhões, de acordo com a Agência Espacial Europeia (ESA).

Nessas condições, fragmentos pequenos podem perfeitamente danificar — e até destruir — espaçonaves e satélites em funcionamento. Para piorar o quadro, a movimentação desses dejetos pode causar impactos em série (em sequência), multiplicando o número de detritos ao redor da Terra.

Revista Planeta. Disponível em: <http://revistaplaneta.terra.com.br/secao/tecnologia/poluicao-orbital>.
Acesso em: 27 jan. 2015. (Texto adaptado).

Além do risco que eles representam no espaço, não podemos descartar a possibilidade de esses detritos voltarem à Terra atraídos pela gravidade e, resistindo à reentrada na atmosfera terrestre, caírem sobre áreas rurais ou urbanas, provocando estragos e prejudicando o meio ambiente.

Pedaço do tanque de combustível do foguete americano Delta II, que caiu na cidade de Georgetown, estado do Texas, nos Estados Unidos.

- Na opinião de vocês, o que fazer para frear a produção de lixo espacial? Vocês acreditam que esse lixo pode realmente representar um problema no futuro para o meio ambiente? Debata com os colegas e formulem um pequeno texto explicando a sua posição. Levem em consideração que os satélites e foguetes lançados ao espaço contribuem para a vida na Terra e que, portanto, eles são importantes.

Capítulo 2 — O Sistema Solar

Além do Sol, que é uma estrela, o Sistema Solar é composto de: planetas; planetas-anões; satélites; pequenos corpos celestes, que são asteroides, cometas, meteoros, entre outros. Tudo o que vemos no espaço é chamado de astro ou corpo celeste.

Os planetas do Sistema Solar se dividem em dois grupos:

As imagens não estão em tamanho proporcional entre si.

Planetas rochosos

Mercúrio, Vênus, Terra e Marte são planetas sólidos formados principalmente por rochas. São os menores planetas do Sistema Solar e ficam mais próximos do Sol; por isso, recebem maior quantidade de luz e calor.

Vênus

Mercúrio

Terra

Marte

Planetas gasosos

Júpiter, Saturno, Urano e Netuno são planetas formados predominantemente por gases. São os maiores planetas do Sistema Solar e ficam mais distantes do Sol, recebendo, por isso, menor quantidade de luz e calor.

Júpiter

Saturno

Urano

Netuno

● Satélites

Satélites são astros que não possuem luz própria e giram em torno de um planeta. A Lua é o satélite da Terra e sua luz é reflexo da luz do Sol.

Lua, satélite da Terra.

Saiba mais

Corpos celestes

Cometas

[...] Os cometas são pequenas "bolas de neve sujas" formadas por uma mistura de gelo, gases congelados e poeira. Todos estes itens são restos de formações do Sistema Solar.

Os cometas viajam três vezes mais rápido do que os asteroides e só são visíveis quando estão próximos do Sol.

O cometa Halley tem 16 km de comprimento e passa em frente ao Sol a cada 76 anos. Já o cometa Hale-Bopp, de 40 km de comprimento, só passa a cada 4 026 anos. Acredita-se que a metade dos asteroides localizados atualmente perto da Terra sejam cometas mortos.

Cometa Halley

Meteoros

Duas vezes por semana, aproximadamente, um meteoro do tamanho de uma almofada se precipita sobre a Terra e explode com a força de uma bomba atômica. Felizmente, nossa atmosfera faz com que os meteoros se vaporizem a 8 km do solo. Se um pedaço de meteoro sobreviver e conseguir chegar à superfície, então será chamado de meteorito. Milhões de meteoritos atacam a Terra todos os dias – a maioria deles é do tamanho de um grão de areia.

No entanto, de vez em quando, algum objeto maior entra em contato com esse escudo de proteção natural da Terra – às vezes com efeitos catastróficos. Os cientistas acreditam que uma dessas bolas de fogo ocasionou a extinção dos dinossauros ao colidir com a Terra em Chicxulub, na província de Iucatã, no México, há 65 milhões de anos. Esse meteoro poderia ter tido 8 km de diâmetro.

Os asteroides

A maioria dos asteroides se comporta de forma ordenada, ficando em órbita ao redor do Sol num cinturão de asteroides localizado entre Marte e Júpiter. Alguns escapam de sua órbita e acabam sendo uma ameaça para nós. Acredita-se que os asteroides sejam restos do processo de formação do Sistema Solar há 4,6 bilhões de anos.

Os asteroides são formados por rocha e metal e seus tamanhos podem variar: desde pedrinhas até 934 km de largura.

Disponível em: <www.discoverybrasil.com/guia_espacio/cometas/index.shtml>. Acesso em: 10 nov. 2014.

Atividades

1 Observe o esquema que representa alguns astros do Sistema Solar e parte das órbitas dos planetas. Depois, responda às questões a seguir.

a) Entre quais planetas está localizado o conjunto de asteroides conhecido como Cinturão de asteroides?

....

b) Quais planetas recebem luz e calor solares com mais intensidade?

....

c) Quais são os planetas mais distantes do Sol? E como são classificados?

....

....

2 Considerando o que você aprendeu nos anos anteriores, responda:
- Qual planeta participava do Sistema Solar e foi rebaixado a planeta-anão? Se necessário, faça uma pesquisa.

....

....

3 Assinale abaixo apenas o que é considerado astro:

○ água dos oceanos
○ planeta-anão
○ asteroides
○ estrela cadente
○ vento
○ Sol
○ meteorito
○ planeta Terra
○ Lua
○ planeta Vênus

4 Ligue os itens da coluna da esquerda com os da direita e mostre a classificação de cada corpo celeste. Pode haver mais de um item em cada classificação.

- pedaço de meteoro que chega à Terra
- Plutão
- Órion
- Via Láctea
- Três Marias
- Lua
- Urano
- Halley
- Cruzeiro do Sul
- Andrômeda
- Sol

- galáxia
- planeta
- planeta-anão
- cometa
- estrela
- constelação
- satélite
- meteorito

Capítulo 2 – O Sistema Solar

Capítulo 3 — O planeta Terra

A Terra é o terceiro planeta do Sistema Solar, considerando a distância em relação ao Sol, e tem cerca de 4,5 bilhões de anos. Sua forma aproximada é de uma esfera e ela se movimenta girando ao redor do Sol e de si mesma.

O planeta Terra é envolto em uma camada de ar chamada **atmosfera**. Assim como a água, ela é indispensável para a existência de vida no planeta.

De acordo com estudos mais recentes, a estrutura da Terra pode ser analisada dividindo-a em três camadas: **crosta** ou **litosfera**, **manto** e **núcleo**.

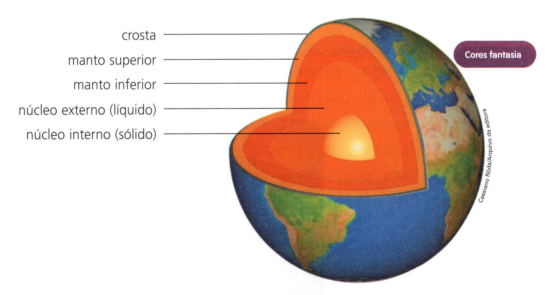

A camada mais fina da Terra é a crosta ou litosfera, o chão que pisamos. Abaixo da crosta está o manto, uma grossa camada sólida, formada por rochas derretidas. O núcleo é a parte central da Terra, com temperaturas elevadíssimas.

A crosta terrestre

No início, a Terra era formada por material derretido, como se fosse um líquido viscoso e muito quente. Com o tempo, a temperatura do planeta diminuiu e houve o resfriamento desse material, ocasionando a formação de rochas.

A camada rochosa que forma a superfície sólida da Terra é chamada **crosta**. Nós e os outros seres vivos vivemos sobre a superfície externa dessa camada e só nos mantemos no chão por causa de uma força que nos segura, sem percebermos, chamada **gravidade**.

Crosta: superfície sólida da Terra. Local: morro do Pai Inácio no Parque Nacional da Chapada Diamantina (BA).

Os cientistas e os mineradores descobriram que a temperatura da crosta terrestre aumenta de acordo com a profundidade, ou seja, quanto mais se direcionar ao núcleo (sendo impossível chegar lá, pois as temperaturas são altas demais e é muito distante), maior será o calor.

Sobre a crosta, temos a **hidrosfera**, que é formada pelas águas dos mares, dos oceanos, dos rios e dos lagos e, ainda, pela água na forma de vapor. A maior parte da crosta terrestre está coberta de água. Existe, também, muita água sob o solo.

Hidrosfera: camada de água que cobre a crosta terrestre. Foto do lago Louise, em Alberta, Canadá.

O manto

Embaixo da crosta está o manto. A temperatura do manto é muito mais alta do que a da crosta.

O material existente no manto – rochas derretidas e gases – é chamado de **magma**. Em razão do enorme calor ali existente, o magma escorre vagarosamente, como se fosse um fluido (líquido) muito viscoso. Algumas porções de magma presentes na parte mais externa do manto podem atingir a superfície da Terra por meio de aberturas e rachaduras na crosta. Esse material que chega à superfície é chamado de **lava**.

Até hoje, tudo o que os cientistas descobriram sobre o manto foi pela análise de lavas, pois nem o poço mais profundo do mundo chegou ao manto.

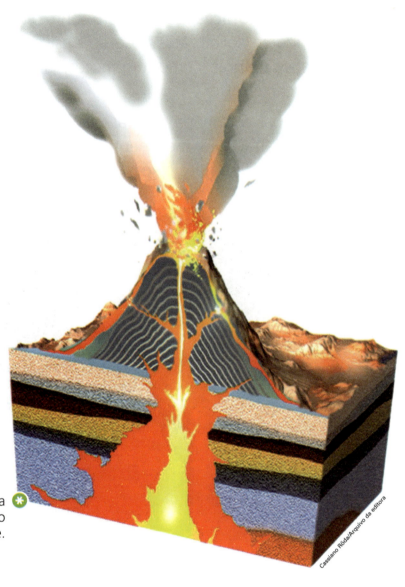

Vulcão é uma abertura na crosta terrestre que permite a saída do magma e seus gases à superfície.

O núcleo

O núcleo fica no centro da Terra. Ele é composto de ferro e níquel. Na parte mais externa, o núcleo é fluido; na parte mais interna, é sólido. No núcleo, estão as temperaturas mais altas, ou seja, ele é a parte mais quente do planeta.

Muitas pessoas pensam que os vulcões são formados no núcleo da Terra, mas, na realidade, a maior parte deles surge na crosta, quando os materiais fundidos que se localizam a cerca de 40 km abaixo da superfície se chocam e o magma escapa.

Transformações na crosta terrestre

A crosta não é estável, ou seja, muito abaixo do chão que pisamos acontecem pequenas movimentações, por mais que não sejam perceptíveis na maioria das vezes. Estamos sobre uma "casca" partida em pedaços, os quais chamamos de **placas tectônicas**, que flutuam sobre o manto. Ao se movimentarem, essas placas podem colidir, afastar-se ou deslizar uma ao lado da outra, causando fenômenos naturais como terremotos, *tsunamis* e vulcões, que podem alterar a superfície terrestre.

Veja abaixo o mapa com as placas tectônicas que atualmente formam a crosta da Terra, seus movimentos e alguns vulcões que ocorrem em regiões próximas da divisão das placas.

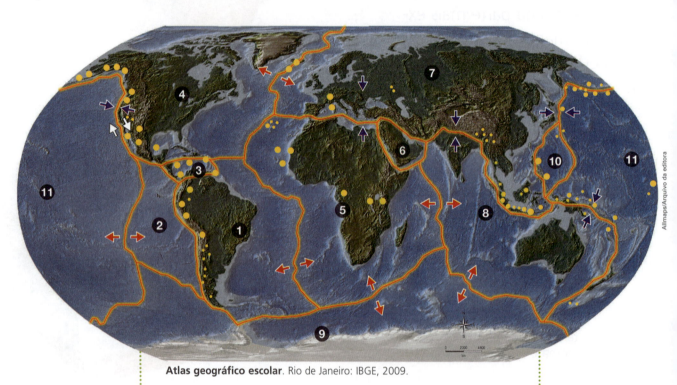

Atlas geográfico escolar. Rio de Janeiro: IBGE, 2009.

Placas tectônicas

1. Placa Sul-Americana
2. Placa de Nazca
3. Placa do Caribe
4. Placa Norte-Americana
5. Placa Africana
6. Placa Arábica
7. Placa Euro-Asiática
8. Placa Indo-Australiana
9. Placa Antártica
10. Placa das Filipinas
11. Placa do Pacífico

➡ choque de placas
➡ separação de placas
⇨ deslocamento lateral
● vulcões

Capítulo 3 – O planeta Terra

Saiba mais

O chão não para quieto

Há mais de 200 milhões de anos, as terras emersas do planeta eram uma coisa só – um bloco de terra chamado **Pangeia**, onde não se conheciam fronteiras marítimas.

A América do Sul ficava encostada na África. Ao pé das duas, estava grudada a Antártida, que por sua vez fazia fronteira com a Austrália e esta, com o subcontinente indiano. Ao norte, América do Norte, Europa e Ásia se uniam.

Há centenas de milhões de anos, os continentes formavam um único bloco de rocha. A esse fenômeno deu-se o nome de Pangeia.

A configuração atual do planeta, com vários continentes, começou a surgir há uns 100 milhões de anos e só foi possível porque as placas tectônicas que formam a Terra estão permanentemente se movendo. Essa movimentação é o que dá origem a terremotos e maremotos.

Veja um dos tipos de movimentação de placas tectônicas que pode provocar terremotos.

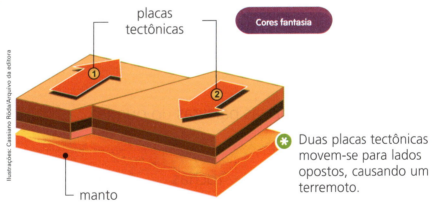

Duas placas tectônicas movem-se para lados opostos, causando um terremoto.

Algumas regiões do planeta estão mais sujeitas a sofrer esses eventos, por estarem localizadas em áreas de colisão entre duas placas, como a Califórnia, nos Estados Unidos, o Japão e a Indonésia. O Brasil tem a vantagem de se localizar sobre uma única placa.

O chão não para quieto, de Giovana Girardi. **Revista Superinteressante: 30 ideias que iluminaram a ciência**. São Paulo: Abril, ed. 245A, p. 10, nov. 2007. (Texto adaptado).

Atividades

1 Responda com frases completas.

a) Quais são as camadas que formam a estrutura da Terra?

....
....

b) Como se chama a camada de ar que envolve a Terra?

....

c) Como se chama o conjunto das águas da Terra formado pelos oceanos, mares, rios e lagos?

....
....
....

d) Quais são os elementos que formam a parte sólida da Terra?

....
....

2 Complete as frases com as palavras do quadro.

> atmosfera   rochas   água   crosta

a) No planeta Terra, encontramos solo e ...., que formam a ....

b) A maior parte da crosta terrestre é coberta por ....

c) Envolvendo toda a Terra existe a ...., uma camada de ar.

3 Em qual camada da Terra está cada um dos meios de transporte abaixo? Observe as figuras e complete a frase.

A bicicleta está na .... e o avião, na ....

4 Explique com suas palavras de que forma os cientistas estudam o interior da Terra.

....

....

....

....

5 De que camada da Terra vem o material que é expelido pelos vulcões?

....

6 É possível um ser humano chegar ao centro da Terra? Por quê?

....

....

Capítulo 4
A força gravitacional
OED

Observe a imagem e responda: o que fez as maçãs caírem da árvore?

Isaac Newton, cientista inglês, ao estudar por algum tempo o porquê de as maçãs caírem no chão, começou a pensar que talvez houvesse a mesma explicação tanto para o fato de as maçãs caírem da árvore sempre na mesma trajetória como para o fato de a Lua girar em torno da Terra sem cair sobre ela.

Ao cair da árvore, as maçãs vão diretamente para o solo por causa da força de atração que a Terra exerce sobre todos os corpos. Essa força é chamada de **força gravitacional** ou **força da gravidade**.

O ar atmosférico mantém-se em volta da Terra em razão da força gravitacional. Essa força também mantém a Lua na órbita da Terra, como mostra a imagem na página ao lado.

Quanto maior a massa de um corpo, maior será sua força gravitacional. É por isso que você é atraído pela Terra: porque a massa desta é muito maior do que a sua. O mesmo acontece, por exemplo, com uma bola que você atira para cima. Ela cairá de volta por causa da atração gravitacional da Terra sobre ela.

Tudo o que é formado por matéria tem a propriedade de atrair e ser atraído por outros corpos formados por matéria, ou seja, a gravitação é uma propriedade da matéria.

Na Lua, a força gravitacional também existe, só que é cerca de seis vezes menor que na Terra. Assim, os astronautas têm um pouco de dificuldade de caminhar sobre o solo lunar: eles quase "flutuam"!

A força gravitacional age sobre os corpos, conferindo-lhes o peso. Portanto, sem a gravidade, os corpos não teriam peso. Os corpos celestes estão sujeitos à força da gravidade porque as massas se atraem. Isso explica o fato de os planetas do Sistema Solar, asteroides e estrelas girarem ao redor do Sol: sua força de atração é imensa! A explicação é a mesma para o fato de a Lua girar ao redor da Terra sem ficar "perdida no espaço".

Saiba mais

No mundo da Lua

A Lua e as marés

Os pescadores e outras pessoas que dependem do mar para desenvolver algum trabalho sabem que a Lua influencia nas marés, e não tem nada de mágico nisso... O que ocorre é que a força da gravidade da Lua atrai os oceanos, fazendo com que eles subam ou desçam à medida que ela gira em torno da Terra. Quando o mar sobe é a maré alta e quando ele desce é a maré baixa.

Curiosidade

Os astronautas pulam seis vezes mais alto na Lua do que na Terra porque há menos gravidade puxando-os para baixo.

Disponível em: <www.smartkids.com.br/especiais/gravidade.html>. Acesso em: 11 nov. 2014. (Texto adaptado).

Atividades

1 Assinale as frases corretas.

( ) A Lua está na órbita da Terra graças à força gravitacional.

( ) Quanto maior a massa de um corpo, menor sua força gravitacional.

( ) Nós somos atraídos pela Terra porque ela possui massa muito maior que a nossa.

( ) No estado líquido, a matéria tem forma definida.

( ) Para levantar um objeto qualquer, é preciso aplicar uma força.

o Reescreva as frases que você não assinalou, corrigindo-as.

....
....
....
....
....
....

2 A Terra gira em torno do Sol e a Lua gira em torno da Terra. Por que isso é possível?

....
....
....
....
....
....

Capítulo 5 — A camada de ozônio e o efeito estufa

Como vimos anteriormente, nosso planeta está envolto em uma grande camada de ar, que forma a **atmosfera**. Ela é composta de várias camadas de gases.

Entre esses gases, está o ozônio. Se não fosse a camada de ozônio, a temperatura na Terra seria tão elevada que pouquíssimos seres vivos sobreviveriam. Essa camada funciona como uma "capa" e bloqueia a maior parte dos raios solares, funcionando como um filtro solar.

A camada de ozônio bloqueia os raios do Sol.

O ozônio é um gás que está presente em toda a atmosfera, mas se concentra na estratosfera.

Alguns gases, como o clorofluorcarbono (CFC), usado em equipamentos de resfriamento (geladeira, ar-condicionado), e o brometo de metila, usado como agrotóxico, são os principais causadores da diminuição do ozônio na estratosfera.

● O buraco na camada de ozônio

Sabemos que o Sol é uma fonte de calor essencial à nossa vida. Ele emite raios ultravioleta, chamados UVA, UVB e UVC (este último não chega ao planeta Terra).

Os raios UVA são os principais responsáveis pelo envelhecimento da pele. A exposição prolongada aos raios UVB está associada a doenças de pele, como câncer, problemas na visão, prejuízos à vida de microrganismos, plantas e peixes.

Com o passar dos anos, os cientistas observaram que a camada de ozônio começou a diminuir lentamente, deixando-nos em maior contato com os raios UVB.

Atualmente o polo sul, na Antártida, é o local que mais sofre com a radiação solar, por causa do "buraco" que se abriu na camada de ozônio. Isso vem descongelando as geleiras e prejudicando os seres vivos que moram lá.

O que está sendo feito para a resolução desse problema?

Foi criado, em 1987, um acordo entre vários países, chamado Protocolo de Montreal, no qual firmaram o comprometimento de diminuir e parar de fabricar o gás e o uso do CFC. O Brasil também faz parte desse acordo.

Quais são os avanços do Protocolo de Montreal?

Entre 1986 e 2008, a produção mundial de CFC caiu 99,7%. A partir de 1º de janeiro de 2010, essa produção foi proibida, mas o processo de recuperação da camada de ozônio é lento e, ainda hoje, o tamanho do buraco é próximo ao que era quando atingiu seu tamanho máximo: 22 milhões de quilômetros quadrados, o que equivale a quase três vezes o tamanho do Brasil.

Assim, serão necessários muitos anos para que os danos causados à camada de ozônio sejam reduzidos de forma considerável.

Aquecimento global e efeito estufa

A temperatura do ambiente está aumentando a cada ano. A conclusão a que chegaram os cientistas até o momento é que o aquecimento global está diretamente ligado ao efeito estufa.

É importante que tenhamos as trocas de calor entre a Terra e o espaço. Assim, quando o Sol nos fornece calor, ele nos aquece; em retorno, a Terra devolve uma parte do calor recebido.

Geralmente, parte desse calor fica retido na **troposfera**, que é a camada mais próxima da Terra onde acontecem as interações climáticas. Essa retenção do calor que mantém a temperatura do planeta adequada para nossa sobrevivência é chamada de **efeito estufa**.

Mas então o efeito estufa não é vilão?

Nem sempre. A retenção de calor é importante para termos temperaturas agradáveis. O problema percebido nos últimos tempos é que a retenção do calor – o efeito estufa – tem aumentado, e é aí que ele se torna um vilão.

O calor tem sido retido porque ele não consegue ultrapassar a barreira de gases poluentes que impedem sua passagem. Veja na ilustração a seguir como isso acontece.

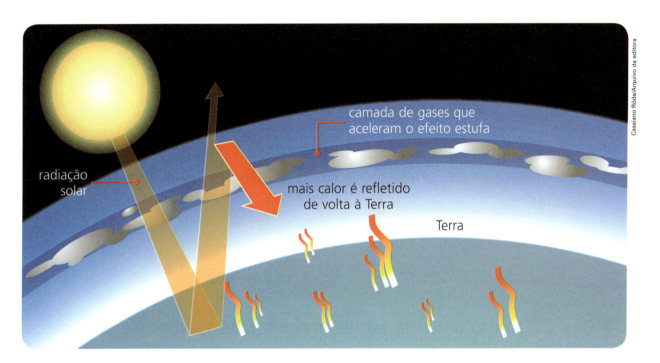

Gases que aceleram o efeito estufa

Os principais gases responsáveis pelo efeito estufa são o gás carbônico e o metano (liberado na digestão de bois e vacas), entre outros. Os países que possuem mais indústrias são os que mais prejudicam o meio ambiente e colaboram com o aquecimento global. São eles: Estados Unidos, Japão e alguns países da Europa.

Consequências do aquecimento global

As consequências poderão ser sentidas por todos os seres vivos, já que são previstos períodos restritos de muita chuva ou muita seca em diversas regiões do planeta. Alguns deles já podem ser percebidos: destruição de áreas de vegetação; migração de animais; escassez de comida; extinção de várias espécies animais e vegetais; derretimento das placas de gelo da Antártida, provocando aumento do nível da água dos oceanos, o que encobrirá grandes extensões de território.

Atividades

1 De que forma a camada de ozônio beneficia os seres vivos? Cite um exemplo de dano ambiental que ocorreria se essa camada fosse reduzida ainda mais ou até deixasse de existir.

....
....
....

- Se um ser humano ficar exposto aos raios UVA e UVB, sem nenhum tipo de proteção e por um longo período (anos), que tipos de efeito ele pode sofrer?

....
....

2 Qual é a função do efeito estufa na natureza? E quando ele se torna um problema? Justifique utilizando exemplos.

....
....
....
....

- Quais são os principais causadores da aceleração do efeito estufa e, consequentemente, do aquecimento global? E o que deve ser feito para evitar esse processo?

....
....

3 Leia o texto a seguir.

> O gás usado em refrigeradores é um produto químico chamado clorofluorcarbono (CFC). Quando chega à atmosfera, pode permanecer ali por cem anos ou mais antes de ser destruído. Na atmosfera ele pode ser decomposto em substâncias químicas nocivas pela luz ultravioleta do Sol. Uma dessas substâncias é o cloro.
>
> **A camada de ozônio**. São Paulo: Melhoramentos, 1992. (S.O.S. Planeta Terra). (Texto adaptado).

- Agora, observe as figuras abaixo e faça o que se pede.

a) O texto e as figuras referem-se a qual problema ambiental?

....

b) Tente descrever o que cada figura está representando.

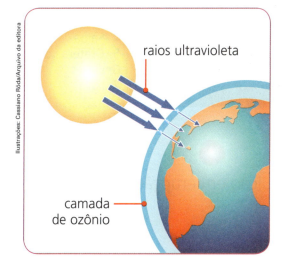

Ideias em ação

Construindo um vulcão

Os vulcões não surgem do dia para a noite. Sempre que acontece uma erupção, lava e cinzas se acumulam ao redor da cratera (abertura) formando camadas. Após várias erupções, o vulcão apresenta formato típico cônico.

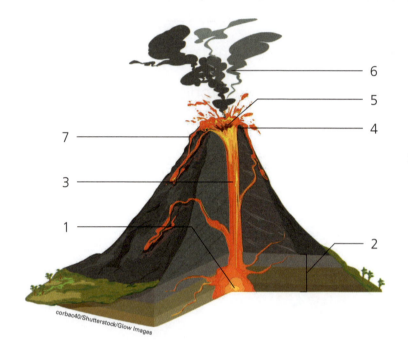

1. Câmara magmática
2. Camadas de rocha
3. Magma
4. Saída
5. Cratera vulcânica
6. Gases
7. Lava

Nesta atividade vamos simular um vulcão em erupção.

Material necessário

- 1 base (um prato grande, compensado de madeira ou bandeja plástica de laboratório)
- areia ou argila
- 1 garrafa de plástico (500 mL)
- um copo ou outro recipiente qualquer
- uma colher
- vinagre
- bicarbonato de sódio
- corante vermelho para alimentos ou tinta guache vermelha

Montagem

1. Pegue a garrafa de plástico e remova a parte do gargalo de modo a formar um recipiente.

2. Posicione-o no centro da base, com o bico da garrafa para cima, e preencha com o bicarbonato de sódio.

3. Utilizando a argila ou a areia modele o corpo do vulcão ao redor da garrafa; tome cuidado para manter a abertura da garrafa livre.

4. Para fazer a "lava" do vulcão, misture o corante e o vinagre no copo.

5. Despeje o vinagre colorido na abertura do vulcão.

Hipótese e observação

- O que você acha que vai acontecer?
- Durante o experimento, você escutou algum barulho?
- A "lava" do vulcão estava quente?
- No que essa erupção difere de uma erupção real?

Conclusão

Pesquise em livros ou na internet sobre os vulcões e suas erupções, troque ideias com os seus colegas e, usando o que aprendeu em suas aulas, monte um pequeno texto explicando como um vulcão adquire sua forma.

UNIDADE 2 — Os seres vivos

Vamos conversar?

- Você considera que todos os seres vivos são importantes para o equilíbrio da natureza?

O que vou estudar?

- A diversidade dos seres vivos
- As plantas
- Os animais
- Os microrganismos
- Os seres vivos e o ciclo de energia na natureza

Capítulo 6 — A diversidade de seres vivos

Você já parou para pensar na enorme variedade de seres vivos que há na Terra?

De tempos em tempos, novos tipos de seres vivos são descobertos e, certamente, ainda há muito por conhecer e descobrir.

Os seres vivos possuem **ciclo de vida**, ou seja: **nascem**, **crescem**, **podem se reproduzir** e **morrem**.

Encontramos na Terra seres vivos e elementos não vivos.

Os seres vivos surgiram na Terra há milhões de anos.

É muito provável que os primeiros seres vivos tenham surgido na água. Então, teve início um longo e lento processo que deu origem à enorme diversidade de seres vivos existentes hoje no planeta.

O ser humano demorou muito tempo para surgir na Terra. Muito antes de seu aparecimento, já existiam por aqui outros animais, como os peixes e os répteis.

Nesse ambiente há diversos seres vivos (bicho-preguiça, onça, jacaré, tucano, vitória-régia, orquídeas e castanheira) e também elementos não vivos (pedras, água, ar, terra).

Atividades

1 Pinte de amarelo os quadrinhos das afirmativas corretas e de vermelho os das erradas.

◯ A água é um ser vivo.

◯ Os vegetais são seres vivos.

◯ Os seres vivos nascem, crescem, podem se reproduzir e morrem.

◯ É bem provável que a vida tenha surgido na água.

◯ Provavelmente, o primeiro ser vivo a surgir na Terra foi o ser humano.

2 Ilustre o seguinte tema:

> **Uma imensa variedade de seres vivos habita o planeta Terra**

- Agora, responda:

a) Quais seres vivos você ilustrou?

....

....

b) Como você sabe que são seres vivos?

....

....

Capítulo 7 — As plantas

Existe na Terra uma variedade muito grande de plantas ou vegetais.

Para que possam crescer e se desenvolver, as plantas necessitam basicamente de água, luz do Sol, gás oxigênio e gás carbônico, além de outros **nutrientes**, como os sais minerais. Tudo isso é fornecido pelo ambiente.

As plantas e o solo estão intimamente ligados. O solo dá fixação às plantas. Estas, por sua vez, protegem o solo contra a ação erosiva da água das chuvas e do vento, evitando que o terreno se desgaste.

Observe estas plantas:

Como você pode notar, uma das fotos mostra plantas vivas e a outra, uma planta quase morta.

As plantas ou vegetais só se desenvolvem bem em solo fértil. Quando o solo não é fértil, isto é, quando a terra é pobre em húmus, ele precisa receber **adubos orgânicos** – restos de animais e vegetais – ou químicos, que são misturados à terra para fertilizá-la.

As plantas também não se desenvolvem em ambientes muito secos, pois necessitam de água para viver. Assim, o solo seco precisa ser **irrigado**. Mas, se, ao contrário, o solo contiver água em excesso, ou seja, for alagadiço, precisa ser **drenado**.

Antes do plantio, o solo precisa ser arado, isto é, mexido, para que as sementes possam receber o oxigênio do ar.

Atividades

1 Quais são os elementos essenciais para que uma planta possa se desenvolver de forma saudável?

....

2 Você sabe qual é a diferença entre adubos orgânicos e adubos químicos? Pesquise e conte aos colegas.

....

....

3 Converse com o professor e com os colegas sobre a irrigação e a drenagem e escreva abaixo o que elas são e qual é a importância de cada uma delas para o solo e para a vegetação.

....

....

....

4 Coloque um **X** nos círculos que indicam a opção correta.

a) O solo apropriado para o desenvolvimento de um vegetal deve ser:

◯ seco.   ◯ fértil.   ◯ alagadiço.

b) Para que as sementes recebam o oxigênio do ar, o solo deve ser:

◯ arado.   ◯ irrigado.   ◯ drenado.

c) O solo seco precisa ser:

◯ drenado.   ◯ adubado.   ◯ irrigado.

d) O solo alagadiço precisa ser:

◯ arado.   ◯ drenado.   ◯ irrigado.

De que as plantas precisam?

Para desenvolver-se, as plantas necessitam de ar, água, luz solar e nutrientes, como os sais minerais. Elas diferem dos outros seres vivos principalmente porque são capazes de produzir o próprio alimento.

A maioria das plantas é formada de raiz, caule, folhas, flores e frutos.

A raiz, o caule e as folhas são conhecidos como **órgãos de nutrição**. As flores são os **órgãos de reprodução**. Os frutos guardam as sementes, que vão dar origem a novas plantas.

raiz

caule

folhas

frutos

flores

A **raiz** absorve a água e os sais minerais do solo e os transporta até o caule.

O **caule** conduz a água e os sais minerais por todo o vegetal, até as folhas mais distantes. Os caules verdes também são capazes de colaborar com a produção de alimento para a planta.

A **folha** é responsável pela produção de alimento e pela respiração da planta.

Uma folha completa tem três partes: a bainha, o pecíolo e o limbo.

No limbo, encontram-se as nervuras, que são pequenos canais condutores de nutrientes.

partes da folha

Fotossíntese

Esquema representando as trocas gasosas na fotossíntese.

É por meio da fotossíntese que as plantas fabricam o próprio alimento.

Para isso, elas retiram água e sais minerais da terra (pelas raízes) e gás carbônico do ar (pelas folhas). Do sol, elas retiram a energia para realizar a fotossíntese. Quem faz isso é a clorofila, uma substância de cor verde existente nas folhas e em alguns caules e ramos mais novos.

Ao realizar a fotossíntese, a planta consome gás carbônico e elimina gás oxigênio. Isso acontece somente na presença de luz.

● Respiração

Como você viu, durante a fotossíntese as plantas absorvem gás carbônico e eliminam gás oxigênio. Na respiração, o processo é contrário: as plantas absorvem gás oxigênio e eliminam gás carbônico.

As plantas, assim como os animais, incluindo o ser humano, respiram dia e noite sem parar.

Na presença de luz, o gás carbônico (até mesmo o que a planta produz) é usado na fotossíntese. Na ausência de luz, como não há fotossíntese, o gás carbônico produzido pela planta é eliminado para o ambiente.

Esquema representando as trocas gasosas na respiração.

Repare que a respiração é um processo contínuo, ela nunca para, independentemente de haver ou não luz solar.

● Transpiração

Dia e noite, as plantas respiram e também transpiram, ou seja, perdem água em forma de vapor.

A transpiração é realizada principalmente pelas folhas, por meio dos estômatos, minúsculas aberturas presentes na superfície da folha.

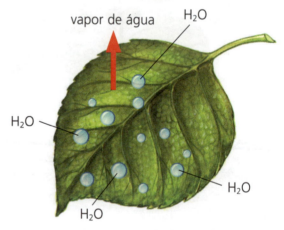

Estômatos vistos ao microscópio (ampliado 160 vezes).

Capítulo 7 – As plantas

1 Complete a cruzadinha.

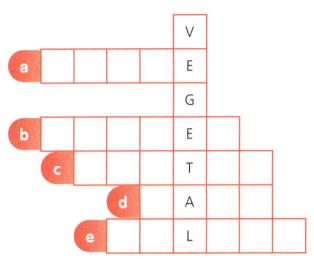

a) Conduz água e nutrientes por todo o vegetal.

b) Dão origem aos frutos.

c) Guardam as sementes.

d) Absorve a água do solo.

e) Realizam fotossíntese, respiração e transpiração.

2 Explique como uma planta realiza os processos de:
a) transpiração:

b) respiração:

c) fotossíntese:

3 Para ocorrer a fotossíntese é fundamental a presença de uma substância existente no vegetal, que capta a energia do Sol.
a) Qual é o nome dessa substância?

b) Em que partes da planta essa substância é encontrada?

c) A fotossíntese acontece principalmente nas folhas. Por quê?

4 Leia o texto a seguir.

Odeio verdura!

As verduras são em geral folhas (espinafre, alface), raízes (cenoura, beterraba), flores (couve-flor) ou sementes tenras (ervilha). Tem gente que não gosta de verdura, o que é uma pena, porque ela é um alimento muito saudável. Engorda pouco, tem muitas fibras e vitaminas.

As fibras são porções da planta que não são digeridas e ajudam os alimentos a circular por nosso intestino, que, graças a elas, funciona melhor.

Delícias naturais

Quase todos nós gostamos de doce, mas é preciso tomar cuidado com eles, porque, em excesso, podem engordar e causar cáries. Além disso, muitos deles contêm corantes e um montão de substâncias artificiais. Já as frutas são doces e ricas em fibras e vitaminas. Existem tantas frutas diferentes que pelo menos de uma você deve gostar!

A rainha da cozinha

Tem gente que não gosta nem de verdura nem de frutas, mas quem é que não gosta de batata frita?

As batatas são caules subterrâneos, chamados tubérculos, em que a planta reserva substâncias para seu próprio desenvolvimento, e que nós aproveitamos.

batatas

O mundo das plantas, de Déborah Yara Alves Cursino dos Santos. São Paulo: Ática, 2003. (Saber Mais). (Texto adaptado).

- Agora resolva as atividades a seguir.

a) Você conhece alguém que não gosta de verduras? Considerando o que você aprendeu, o que diria a essa pessoa?

....

....

....

....

b) "As fibras são porções da planta que não são digeridas…". Explique essa expressão.

....

....

....

c) Onde são encontradas as fibras?

....

d) O fato de as fibras não serem digeridas é bom ou ruim para nosso organismo? Por quê?

....

....

....

e) Assinale com um **X** as afirmações corretas.

◯ É melhor para a saúde comer doces e não frutas.

◯ As frutas são ricas em fibras e vitaminas.

◯ A batata é um tipo de caule.

◯ Espinafre e alface são exemplos de legumes.

◯ Em geral, os doces têm corantes e substâncias artificiais.

Capítulo 8 — Os animais

Assim como as plantas, há também na Terra uma variedade muito grande de animais, vivendo nos mais diversos ambientes.

ambiente terrestre

ambiente aquático

Os animais não produzem o próprio alimento. Eles precisam retirar do ambiente o alimento necessário a seu desenvolvimento. Alguns alimentam-se de vegetais; outros, de animais; há também aqueles que se alimentam tanto de animais como de vegetais.

Para facilitar seu estudo, os cientistas agrupam os animais de acordo com características que eles têm em comum. Um dos tipos de classificação divide os animais em **vertebrados** e **invertebrados**.

Classificação dos animais

Animais vertebrados

Animais vertebrados possuem crânio e coluna vertebral, isto é, têm proteção para o encéfalo e um conjunto de estruturas chamadas vértebras, que sustentam seu corpo.

Os vertebrados classificam-se em cinco grandes grupos: peixes, anfíbios, répteis, aves e mamíferos. Veja, na página ao lado, exemplos de cada um desses grupos.

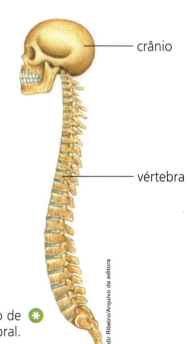

Representação de coluna vertebral.

- **Peixes**: em geral, nascem de ovos que se desenvolvem fora do corpo da fêmea e têm o corpo coberto de escamas. Os peixes só vivem na água.

tubarão — peixe-frade — dourado

- **Anfíbios**: geralmente nascem de ovos que se desenvolvem fora do corpo da fêmea e têm a pele úmida. Quando pequenos, vivem somente na água e, quando crescem, podem viver na água e na terra.

sapo-cururu — perereca — rã

- **Répteis**: a maioria nasce de ovos que se desenvolvem fora do corpo da fêmea. Os répteis têm o corpo coberto de carapaça, escamas ou placas duras.

tartaruga-de-pente — cascavel — jacaré

- **Aves**: nascem de ovos com casca, desenvolvidos fora do corpo da fêmea. As aves têm o corpo coberto de penas.

galinha — pato — pombo

- **Mamíferos**: são os animais que mamam quando pequenos. Formam-se dentro da barriga da mãe e têm, quase todos, o corpo coberto de pelos.

vaca e bezerro

leoa e filhotes

Animais invertebrados

Existem também muitos animais que não possuem coluna vertebral. São chamados animais invertebrados. Entre eles estão os artrópodes, os anelídeos e os vermes, além dos moluscos.

- **Artrópodes**: têm membros rígidos e vários pares de pernas. São exemplos de artrópodes:

– insetos, como o besouro e a borboleta;

– crustáceos, como o siri e a lagosta;

– aracnídeos, como a aranha e o escorpião.

besouro

siri

aranha-armadeira

- **Anelídeos e vermes**: têm o corpo mole e respiram pela pele. Muitos vivem no solo, como a minhoca. Existem vermes que vivem dentro do corpo de outros animais. É o caso da lombriga e da tênia.

minhocas

tênia

- **Moluscos**: têm o corpo mole e respiram por meio de brânquias ou pulmões. Podem ser marinhos, terrestres ou de água doce. Exemplos: caracol, lesma e polvo.

Seu corpo é constituído de três partes: cabeça, pé e massa visceral, além da concha calcária protetora, presente na maioria dos moluscos, embora algumas espécies, como as lesmas e os polvos, não a possuam. Compreendem caramujos, caracóis, lesmas, búzios, ostras, mexilhões, mariscos, lulas, polvos e outros animais menos conhecidos. Muitos deles são consumidos na alimentação humana.

caracol

polvo

Atividades

1 Explique qual é a diferença entre animal vertebrado e invertebrado.

....

2 Existe na Terra uma variedade muito grande de animais. Faça uma lista com alguns que você conhece, agrupando-os da seguinte forma:

Conheço de perto	Já vi na televisão, cinema ou revista

a) Compare sua lista com as de seus colegas de classe e verifique quantos tipos de animais diferentes vocês conseguiram relacionar.

b) A maioria dos animais vistos por vocês é domesticada ou silvestre? Por que você acha que isso acontece?

....
....
....
....

3 Faça uma pesquisa para descobrir algumas informações sobre: um mamífero, uma ave, um réptil e uma planta que correm risco de extinção ou já desapareceram de ambientes brasileiros. Junte suas informações às obtidas por seus colegas e montem um painel com o título "O que estamos fazendo com nossa fauna e flora?".

4) Leia o texto a seguir.

O impacto do aquecimento global nos animais

Veja duas espécies de seres vivos que correm sérios riscos de extinção. Veja o motivo pelo qual esses riscos existem!

Urso-polar

Até a metade do século XXI, estima-se que perderá 42% de seu *habitat*, sobrando apenas um terço da população. Extinção total dentro de 75 anos.

Tigre de bengala

Mais de 70% do *habitat* perdido em 50 anos. Aumento no confronto entre homens e tigres.

O Globo. Caderno Ciência. p. 25, 18 mar. 2009. (Texto adaptado).

Muitas espécies de animais já desapareceram de nosso planeta e outras estão ameaçadas de extinção.

a) Procure saber outras causas que provocam a extinção de animais.

....
....
....
....

b) Que medidas você acha que deveriam ser tomadas para a preservação das espécies ameaçadas de extinção?

....
....
....
....

A reprodução dos animais
Peixes

Os peixes são animais que dependem do meio aquático para viver. A maioria dos peixes são ovíparos (formam filhotes dentro dos ovos, fora do corpo da mãe), outros são vivíparos (formam filhotes dentro do corpo da mãe). Há também os peixes ovovivíparos (formam filhotes dentro de ovos que ficam no interior do corpo da mãe).

A taxa de mortalidade dos peixes é muito alta por causa do grande número de predadores.

Os alevinos são a fase larval dos peixes, ou seja, são seus filhotes em desenvolvimento.

Após sair dos ovos, os girinos passam por diversas modificações até se tornarem adultos.

Anfíbios

As espécies de anfíbios são tão variadas que não é possível determinar um único modo de reprodução; só o que se sabe é que ela está sempre ligada ao meio aquático.

A maioria dos anfíbios é ovípara, como as pererecas. Existem exceções como a salamandra, que pode ser ovípara ou vivípara. No caso das pererecas, os ovos fecundados se desenvolvem em ambientes úmidos e dão origem a girinos que vivem na água desde o nascimento.

A salamandra-de-pinta-amarela pode ser ovípara ou vivípara.

Répteis

Os répteis produzem ovos com uma casca flexível, parecida com couro. Dentro há um saco com um líquido chamado âmnio e um suprimento alimentar para o embrião se nutrir enquanto se desenvolve. A casca e o saco de âmnio evitam que o ovo perca água e deixam que oxigênio e umidade alcancem o animal em formação.

A serpente verifica se há perigo por perto pelo ar, pondo a língua para fora várias vezes antes de cuidadosamente deixar a casca.

Capítulo 8 – Os animais

Aves

Como todas as aves de solo, o avestruz faz o ninho no chão, mas cria o filhote de um modo pouco comum. Muitas fêmeas põem seus ovos juntas, mas um único macho se encarrega de chocá-los praticamente sozinho. Assim que nascem, os filhotes seguem o pai num grupo unido. O macho pode ainda assumir um segundo grupo, criando um "berçário" com dúzias de filhotes.

Enquanto choca, o avestruz arruma os ovos frequentemente, para que seus filhotes recebam calor por igual. Eles já nascem medindo cerca de 30 centímetros de altura.

Mamíferos

A maioria dos mamíferos dá à luz filhotes desenvolvidos no útero da mãe. Ali a placenta lhes fornece alimento e oxigênio. Mamíferos como ratos, rinocerontes e seres humanos, cujos filhotes se desenvolvem dessa maneira, são chamados **placentários**. O tempo gasto no útero varia de vinte dias, para um camundongo, até vinte meses, para um elefante.

Os cachorros se desenvolvem no útero materno por cerca de 60 dias.

Reprodução sexuada e assexuada

Todos os seres vivos têm a capacidade de se reproduzir originando outros seres da mesma espécie.

As diferentes espécies de animais e de vegetais se dividem em dois grandes grupos, conforme sua forma de reprodução: sexuada ou assexuada.

Na reprodução sexuada, que ocorre na maioria dos animais e vegetais, o novo ser é formado pela união de dois gametas distintos, ou seja, dois tipos de células sexuais: uma célula reprodutora masculina e uma célula reprodutora feminina. Nesse tipo de reprodução, os novos indivíduos são muito parecidos com seus progenitores, mas não idênticos.

A reprodução da onça é sexuada.

A reprodução assexuada é a que ocorre em alguns seres unicelulares e pluricelulares sem a intervenção das células reprodutoras (gametas). Os seres vivos que se reproduzem de forma assexuada são geralmente pouco complexos e os únicos responsáveis pela própria reprodução, ou seja, não há a participação de indivíduos femininos e masculinos. Nas condições adequadas, a reprodução assexuada pode ser muito rápida e produzir um grande número de descendentes. Nesse tipo de reprodução, os novos seres são idênticos aos seus progenitores.

A estrela-do-mar é um animal que pode se reproduzir de forma assexuada.

Atividades

1 Informe a que grupos específicos se refere a característica a seguir: têm a capacidade de se reproduzir originando outros seres da mesma espécie.

....

2 Leia o texto a seguir.

> A reprodução é uma importante característica dos animais e dos vegetais.
>
> Nos animais, para que ocorra reprodução sexuada, deve haver a fecundação, que é a junção dos gametas. A fecundação pode ocorrer no interior do corpo da mãe ou na água.
>
> Nos vegetais, a reprodução pode ocorrer com fecundação (por meio dos órgãos reprodutores masculino e feminino existentes nas flores) ou sem fecundação (a partir da folha ou a partir do caule, por meio de seus brotos).
>
> Existem espécies animais, como os caracóis, que possuem órgãos reprodutores masculino e feminino. Elas são chamadas **hermafroditas**.

- Agora, converse com os colegas sobre a reprodução dos seres vivos. Busque exemplos de tipos de reprodução em livros, enciclopédias e na internet e escreva o que você aprendeu.

....

....

....

....

....

....

Saiba mais

O que é biopirataria?

Você gosta de filmes, desenhos ou livros de piratas? Então, já deve ter visto que esses homens do mar saqueavam navios e aldeias para obter riquezas.

E em biopirataria, você já ouviu falar?

Calma, não se trata de nenhuma alface com perna de pau, mão de gancho e um olho só. Esse é o termo usado para definir a apropriação de recursos biológicos (animais e vegetais) por indivíduos ou empresas que se acham no direito de ter o controle exclusivo sobre esses bens da natureza. E, ainda por cima, essas pessoas não têm autorização das comunidades de onde os animais ou plantas foram retirados e não repartem os benefícios vindos desse acesso.

Muitas comunidades tradicionais conhecem bem o poder de cura de algumas plantas e sabem receitas para fazer remédios, chás e curativos. E essas propriedades medicinais das plantas também são alvo da biopirataria.

Para você entender melhor, aí vai um exemplo:

O inglês Henry Wickham levou, em 1876, sementes da árvore da seringueira, que serve para produzir o látex (matéria-prima da borracha), da Amazônia para as colônias britânicas na Malásia. Após algumas décadas, a Malásia tornou-se o principal exportador de látex, arruinando a economia da Amazônia, que era baseada principalmente na exploração da borracha.

Disponível em: <www.plenarinho.gov.br/ecologia/Reportagens_publicadas/o-que-e-biopirataria>.
Acesso em: 21 nov. 2014. (Texto adaptado).

Atividades

1 Responda com suas palavras: o que é biopirataria?

....

....

2 Por que você acha que a biopirataria acontece?

....

....

3 Crie uma ficha de algum animal ou planta que corre o perigo de sofrer biopirataria. Escreva as razões pelas quais a espécie desperta interesse.

Planta ou animal: ....

Nome: ....

Características: ....

....

Por que estão interessados nessa espécie? ....

....

- Depois, faça um desenho desse animal e dê um título que passe uma mensagem contra a biopirataria.

Capítulo 9 — Os microrganismos

OED

Os microrganismos são os menores seres vivos da Terra. São seres tão pequenos que só podem ser vistos com a ajuda de um aparelho especial, o microscópio.

Os microrganismos encontram-se em diferentes ambientes: no solo, no ar, na água e até no interior de nosso corpo.

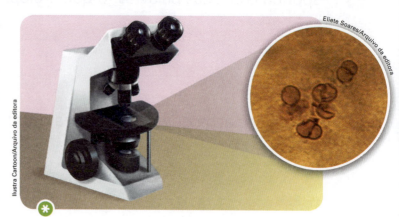

Fungo causador de micoses (ampliado aproximadamente 2 mil vezes).

Entre esses pequenos seres, podemos citar as bactérias, algumas espécies de fungos, os protozoários e os vírus.

● Bactérias

As bactérias são organismos unicelulares e algumas delas podem viver em ambientes sem ar. Embora possam ser causadoras de doenças, são as bactérias as grandes responsáveis pela decomposição dos seres mortos. No organismo humano, certos tipos de bactérias atuam no intestino, ajudando-o a absorver melhor os alimentos e deixando o corpo em equilíbrio.

O ser humano também se aproveita da ação das bactérias em sua alimentação. Para fazer queijo, por exemplo, é necessária a participação de um tipo de bactéria chamado lactobacilo.

● Fungos

Alguns fungos que podem ser vistos a olho nu são o bolor do pão, os cogumelos e o mofo. A maioria deles contém substâncias tóxicas, por isso não devem ser ingeridos.

O *champignon* é uma espécie de cogumelo comestível.

No entanto, os fungos podem também, em alguns casos, ser usados na fabricação de alimentos e medicamentos, pois deles são extraídas substâncias para essa finalidade. A penicilina é um exemplo conhecido desse uso. Há alguns fungos comestíveis, como o *champignon*. Eles servem também para produzir o fermento usado em pães e na fermentação de bebidas.

● Protozoários

São seres vivos constituídos de uma única célula e a maioria deles é microscópica. Os protozoários podem habitar animais e vegetais, além de viver na água e no solo.

A forma desses animais é muito variável, seu corpo é pouco rígido e serve para se locomover e obter alimentos.

Alguns protozoários são capazes de realizar todas as funções necessárias à vida, tais como alimentação, respiração, reprodução, excreção e locomoção.

Muitas doenças são causadas por protozoários, como a doença de Chagas e a malária.

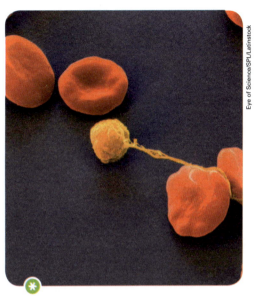

Parasitas protozoários do gênero *Plasmodium* são os causadores da malária, doença infecciosa bastante comum nas regiões tropicais das Américas, da África e da Ásia.

● Vírus

Os vírus são seres microscópicos que podem se reproduzir em outro corpo de maneira rápida e assustadora.

Também podem infectar bactérias, plantas, animais e, quando se instalam no organismo humano, podem ocasionar muitos tipos de doenças com várias formas de transmissão.

Alguns tipos de doenças mais comuns que os vírus podem causar ao ser humano são gripe, febre amarela, dengue e Aids. Áreas em que muitas pessoas e/ou animais vivem próximos facilitam a propagação de um vírus como o da gripe.

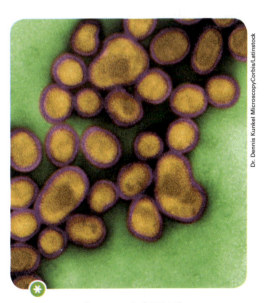

O vírus Influenza A (H1N1) causa um tipo de gripe que ficou conhecido como "gripe suína". Tal gripe, em 2009, matou muitas pessoas em todo o planeta.

Atividades

1 Você aprendeu que os microrganismos também têm utilidade na medicina. Pesquise, descubra e escreva para que servem as vacinas e os antibióticos.

....
....
....

2 Pense em uma doença que você já teve e foi causada por microrganismos. Depois, busque informações sobre essa doença.

....
....
....
....

3 Leia o texto a seguir e discuta com os colegas como o ser humano pode em determinados momentos ter controle sobre outro ser vivo, e em outros estar sujeito a ele, mesmo que não o veja.

> Desde a Antiguidade o ser humano tira proveito dos fungos e, hoje, eles fazem parte da vida da gente. Podem ser usados diretamente no preparo de alguns pratos, na fabricação de pães, bolos, queijos e também na produção de vitaminas. Um dos exemplos mais famosos do aproveitamento dos fungos é a penicilina, um remédio usado contra várias doenças, feito a partir de um fungo que vive no ar, o *Penicilium*.
>
> Alguns fungos causam prejuízos à agricultura, provocando doenças nas plantas, como a ferrugem e o mofo. Os fungos também podem prejudicar o ser humano: aquelas manchas brancas que às vezes aparecem em nossa pele e que chamamos micose de praia são causadas por eles.
>
> Revista **Ciência Hoje das Crianças**. Rio de Janeiro: SBPC/Ciência Hoje, n. 75, p. 24-25. (Texto adaptado).

4 Complete a cruzadinha.

a) Os menores seres vivos da Terra.

b) Instrumento para observação de objetos ou seres muito pequenos.

c) Remédio feito de um fungo que vive no ar.

d) Causam a doença de Chagas e a malária.

e) Microrganismos que podem ser usados na fabricação de pães.

f) Os menores microrganismos.

g) Tipos de fungos que não são tóxicos, por isso podem ser consumidos.

h) Bactérias usadas para fazer queijo.

i) Parte do corpo do ser humano em que as bactérias têm uma função benéfica.

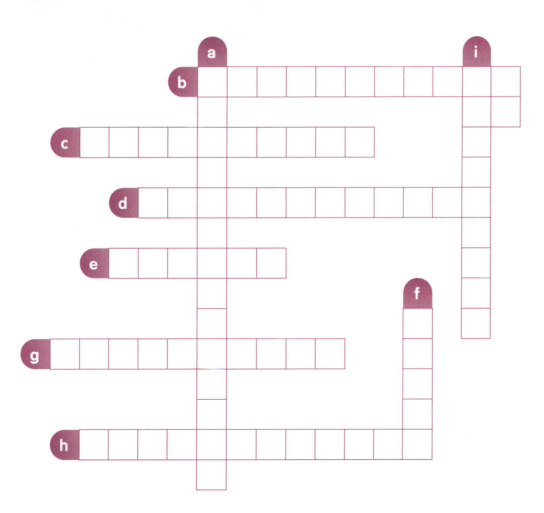

Capítulo 10 — Os seres vivos e o ciclo de energia da natureza

Para obter alimento, os seres vivos dependem uns dos outros e do ambiente em que vivem. É no alimento que está a energia de que precisam para se desenvolver.

Todos os seres vivos desempenham um papel no processo de alimentação, podendo ser classificados em seres produtores, consumidores ou decompositores.

- **Seres produtores**: os vegetais são seres vivos que, por meio da fotossíntese, produzem o próprio alimento. Por isso, recebem o nome de produtores. Eles servem de alimento para outros seres vivos.

Plantação de abacaxi.

- **Seres consumidores**: os animais não produzem o próprio alimento. Eles se alimentam de vegetais ou de outros animais. Recebem, por essa razão, o nome de consumidores.

Urso-pardo se alimentando de salmão.

- **Seres decompositores**: algumas bactérias e alguns fungos alimentam-se da decomposição de animais e vegetais mortos. Daí receberem o nome de decompositores.

Os restos dos seres em decomposição são transformados em substâncias que ajudam a fertilizar o solo, contribuindo, assim, para o desenvolvimento dos vegetais.

Laranja em decomposição.

Atividade

Pense em como se alimenta cada um dos seres vivos abaixo. Em seguida, preencha o quadro indicando se são compositores, consumidores ou decompositores.

Produtores (vegetais)	Consumidores (animais)			Decompositores (bactérias e fungos)
	Comem vegetais (herbívoros)	Comem outros animais (carnívoros)	Comem vegetais e animais (onívoros)	
....	....	....	....	....
....	....	....	....	....
....	....	....	....	....

- Agora, complete as linhas em branco do quadro com outros exemplos de animais que você conheça.

A cadeia alimentar

Observe a ilustração a seguir.

Nessa situação, podemos distinguir:

- o **produtor**: o vegetal, que produz seu alimento a partir dos nutrientes decompostos na natureza;
- o **consumidor primário**: o pássaro, que come esse vegetal;
- o **consumidor secundário**: o cachorro-do-mato, que come o pássaro;
- o **consumidor terciário**: a onça, que come o cachorro-do-mato;
- os **decompositores**: os microrganismos que se alimentam dos restos desses vegetais e animais mortos.

A sequência na qual um ser vivo serve de alimento para outro chama-se **cadeia alimentar**.

Como você viu, na natureza tudo se relaciona. Por exemplo, se um ser vivo desaparece do ambiente em que vive, ocorre um desequilíbrio na cadeia alimentar desse ambiente, prejudicando a vida dos outros seres vivos.

Devorar... e ser devorado

Os animais precisam uns dos outros para sobreviver: herbívoros são devorados por carnívoros, que, por sua vez, também podem servir de alimento. E todos, direta ou indiretamente, dependem dos vegetais.

1. Os veados se alimentam de capim e folhas. Eles são chamados herbívoros.
2. O lince costuma caçar veados para comer. Ele é carnívoro, pois se alimenta de carne.
3. Se um filhote de lince se distanciar muito dos pais, ele pode ser caçado e comido por lobos.
4. Quando um lince velho morre, alguns abutres disputam seu corpo. São os carniceiros, que se alimentam da carne de animais mortos.
5. Existem besouros que comem restos de animais. São os necrófagos.
6. Os cogumelos e os animais microscópicos (bactérias) transformam o cadáver em detritos. São os detritívoros.
7. Os detritos adubam a terra e permitem que as plantas cresçam mais fortes. Assim, os veados e também os outros animais sempre terão o que comer.

Essa rede de relações entre os que devoram e os que são devorados chama-se cadeia alimentar.

Em todo meio natural há muitas cadeias alimentares. Veja uma que existe no oceano:

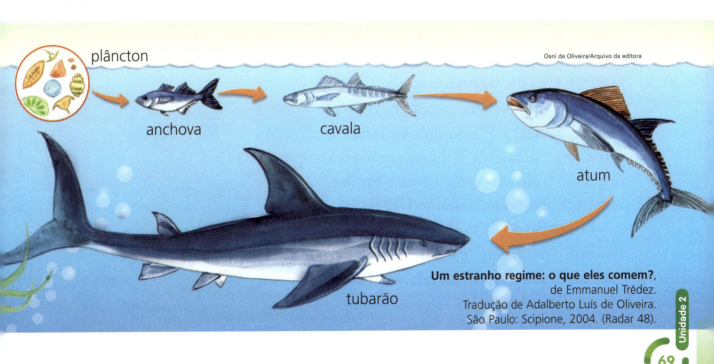

Um estranho regime: o que eles comem?, de Emmanuel Trédez. Tradução de Adalberto Luís de Oliveira. São Paulo: Scipione, 2004. (Radar 48).

Um colar de problemas

Leia a história a seguir, que é real e fala sobre o quanto o ser humano pode desequilibrar uma cadeia alimentar.

Para destruir os mosquitos transmissores da malária, aviões lançaram o DDT em pó por toda a ilha de Bornéu, na Ásia.

O inseticida matou os mosquitos e outros insetos de pequeno porte.

As baratas, protegidas pela casca, absorveram pouco inseticida. Elas não morreram com a ação do inseticida, mas foram afetadas por ele; ficaram zonzas e sonolentas porque o DDT, embora insuficiente para provocar a morte, foi capaz de dopá-las. Assim elas se tornaram incapazes de correr para fugir dos lagartos, seus predadores.

Os lagartos se banquetearam com as baratas tontas! Por isso eles saciaram a fome com muita gula. Foi uma comilança daquelas! Cada um comeu várias baratas, ingerindo, portanto, bastante DDT.

O resultado? Os lagartos também ficaram "paradões" e "dorminhocos". Assim deram grande alegria aos gatos, que se alimentam deles.

Lagartos sonolentos e moles foram gulosamente comidos pelos gatos. Os gatos exageraram na comilança de lagartos. Afinal, eles estavam disponíveis: não fugiam!

A gulodice não foi boa para esses felinos. O corpo dos gatos foi contaminado por DDT em quantidades quatro, cinco e até seis vezes maiores que a existente em cada lagarto.

O resultado não podia ser outro: morreram praticamente todos os gatos. Todos sabemos que os gatos são arqui-inimigos dos ratos; são seus predadores.

Ilustrações: Ilustra Cartoon/Arquivo da editora

Sem gatos para devorá-los, os ratos se multiplicaram muito rapidamente e infestaram Borneú.

Para muitos ratos, é preciso muita comida. Eles comeram boa parte dos cereais que os habitantes da ilha haviam guardado para consumirem.

Ademais, os ratos transmitem doenças, e os nativos viram a necessidade urgente de combatê-los para que não acabassem com sua comida e não lhes transmitissem doenças.

Lições da natureza, de Ruth de Gouvêa Duarte. São Paulo: Atual, 2000. (Projeto Ciência). (Texto adaptado).

Viu só como uma ação, mesmo que bem-intencionada (no caso, conter a malária), pode provocar um desequilíbrio ambiental desastroso? As cadeias alimentares funcionam porque há um equilíbrio entre cada espécie que delas participam. Se uma espécie diminui, todas as outras se alteram também, criando uma situação como a da história.

O tema é...
Lugar de macaco é na floresta

Imagine que você mora em uma grande área urbana e, de repente, enquanto caminha por algum parque no meio da cidade, avista alguns macacos. Você pode até pensar, em um primeiro momento: são macacos e eles estão em seu *habitat*. Saiba, no entanto, que essa cena não deve ser encarada com naturalidade, apesar de ser bonito ver um animal silvestre (ou seja, que não é domesticado), tão perto da gente.

Desequilíbrio ambiental resulta na proliferação de micos em área urbana

Desmatamento florestal e tráfico de animais são os principais motivos

Ver um miquinho em plena cidade pode causar sensações de proximidade com a natureza. Muitas pessoas até os alimentam com frutas, os estimulando a voltarem mais e mais vezes para buscar comida. Entretanto, apesar da graciosidade desses animaizinhos, a presença de micos em áreas urbanas revela um quadro alarmante de desequilíbrio ecológico, e nem sempre agradar esses bichos com alimento é a medida mais correta a se fazer nessas situações.

Para o médico veterinário Alcides Pissinatti, Diretor do Centro de Primatologia do Rio de Janeiro, a resposta para a proliferação de algumas espécies de primatas, como o sagui do tufo branco e o macaco-prego, por exemplo, deve-se, principalmente, ao desmatamento de florestas, mais especificamente da Mata Atlântica.

"Além disso, existem outros agravantes, como o fato de a população alimentar esses animais. Ou seja, esses micos começam a direcionar sua busca por alimento baseada na facilidade e na falta de competição, aumentando de maneira exagerada a sua população em determinadas regiões, o que acaba gerando desequilíbrio ecológico. De modo geral, as pessoas dão de frutas a biscoitos, incluindo, até mesmo, ração para cachorro", destaca o veterinário.

Macaco conhecido como mico-estrela.

Mico-estrela se alimentando de fruta em floresta do nordeste brasileiro.

Por ser uma espécie exótica, os desequilíbrios ambientais causados por esses bichos são grandes, causando problemas que afetam toda uma cadeia alimentar. Pissinatti lembra que eles acabam causando a diminuição no número de insetos e de pássaros, que têm, entre outras funções, a de polinizar. "Os micos se alimentam de insetos, de pequenos invertebrados, além de ovos de pássaros. Diminuindo a população dessas outras espécies, que muitas das vezes atuam espalhando o pólen de plantas, por exemplo, temos também uma diminuição de algumas espécies vegetais. Ou seja, acabamos por cair em uma cadeia de desequilíbrios", alerta.

Globo Ciência. Disponível em: <http://redeglobo.globo.com/globociencia/noticia/2012/08/desequilibrio-ambiental-resulta-na-proliferacao-de-micos-em-area-urbana.html>. Acesso em: 2 fev. 2015.(Texto adaptado).

- Após a leitura do texto, conversem sobre o problema relacionado aos macacos e reflitam sobre a seguinte questão: será que esse mesmo problema pode acontecer com outros tipos de animais? Para responder a essa questão, dividam-se em grupos e procurem na internet outros problemas parecidos com esse. Lembrem-se que uma das causas para a proliferação desses animais no ambiente que não é seu *habitat* natural é a biopirataria. A professora vai ajudá-los na pesquisa, dando dicas do que e como procurar por esse assunto. Depois, os grupos devem dividir com os colegas o que encontraram a respeito do assunto.

- Vocês acreditam que no nordeste brasileiro, onde o macaco-estrela é nativo, esses mesmos problemas acontecem? Justifiquem suas respostas.

- Após as atividades, chegou o momento de vocês se reunirem para criar soluções para o problema apresentado pelo texto. Lembrem-se que os micos já estão integrados ao meio ambiente que não é o seu *habitat* e que as ações a serem tomadas devem ser de contenção dos danos relacionados aos problemas.

Atividades

1 Desenhe uma cadeia alimentar com os seres vivos abaixo.

> pássaro   gafanhoto   capim   cobra

2 Como você explicaria a sequência de seres vivos mostrada na cadeia alimentar da atividade anterior?

....

....

- Está faltando um integrante fundamental nesta cadeia alimentar. Você saberia dizer qual é?

....

Capítulo 10 – Os seres vivos e o ciclo de energia da natureza

3 Diagrama da cadeia alimentar.

Primeiramente, busque as respostas no texto "Devorar... e ser devorado", na página 69. Depois, é hora de caçar. Procure as palavras em todos os lados.

a) Animal que se alimenta de vegetais. ....

b) Animal que se alimenta de outros animais. ....

c) Animal que se alimenta de animais mortos. ....

d) Animal que transforma um animal morto em detritos. ....

C	O	J	I	Y	A	U	A	S	A	C	O
C	Ç	E	R	A	V	E	D	H	K	R	R
A	U	G	O	R	I	L	A	G	O	S	J
R	N	N	U	V	K	S	J	V	J	N	E
N	I	F	E	S	R	F	Í	U	Q	U	M
Í	L	U	S	C	A	B	N	I	F	Y	H
V	Ç	A	S	W	R	U	L	B	P	T	O
O	R	I	N	E	B	Ó	U	M	E	O	M
R	A	I	H	Q	Y	T	F	N	I	Ç	A
O	R	V	I	U	V	T	I	A	P	B	M
C	D	E	R	C	T	A	P	F	G	Z	V
K	E	R	L	X	I	S	O	X	S	O	F
M	Y	T	E	U	P	E	K	D	A	H	R
O	R	O	V	Í	T	I	R	T	E	D	W

4 Observe as imagens a seguir e pense em como o ser humano participa nas cadeias alimentares.

Ideias em ação

Criando *habitat*

Só porque uma árvore deixa de viver não significa que deixa de ser útil para o meio ambiente. Pelo contrário: uma árvore morta tem uma importante função, longa e produtiva. Ela é um verdadeiro ecossistema de miniaturas! Alimenta e abriga milhares de pequenos seres importantíssimos para a cadeia alimentar e para a qualidade do solo.

Vamos criar um *habitat* com as árvores mortas?

Material necessário

- pedaço de tronco de árvore
- pedrinhas
- pequenas plantas florescendo

Procedimentos

1. Ache um pedaço de tronco de uma árvore e coloque-o no jardim.
2. Coloque algumas pedras ao redor de suas extremidades.
3. Plante algumas flores pequenas.
4. Agora espere pacientemente! Logo você terá insetos e até pequenos animais passeando ali.

Sua hipótese

- O que você acha que vai acontecer?

....

....

Observação

- O que aconteceu com as flores que você plantou?

....

....

- Por que os animais se aproximaram do tronco? O que eles fazem lá?

....

....

....

....

- Caso seja possível, fotografe o tronco e cole no espaço indicado abaixo. Caso não seja possível, você também pode fazer um desenho e colori-lo.

Criando *habitats* na escola sustentável: livro de atividades, de Lucia Legan. São Paulo: Imprensa Oficial do Estado de São Paulo/Pirenópolis: Ecocentro IPEC, 2009. p. 43. (Adaptado).

UNIDADE 3

Ser humano e saúde

Vamos conversar?

- O que comanda nosso corpo para que ele funcione normalmente?
- O que você entende por ter saúde?

O que vou estudar?

- O corpo humano
- A estrutura do corpo humano
- O sistema locomotor
- O sistema nervoso
- O sistema digestório
- O sistema respiratório
- O sistema cardiovascular
- O sistema urinário
- O sistema genital
- Higiene e saúde
- O saneamento básico
- As doenças
- Primeiros socorros

Capítulo 11 — O corpo humano

Como já vimos, o corpo do ser humano é formado por um conjunto de órgãos. Cada órgão tem uma função, mas todos trabalham juntos para o bom funcionamento do corpo.

Para fins de estudo, considera-se o corpo humano dividido em quatro partes: cabeça, pescoço, tronco e membros.

A cabeça é constituída pelo crânio e pela face.

O pescoço liga a cabeça ao tronco.

O tronco é constituído pelo tórax e pelo abdome.

Os membros estão presos ao tronco. Braços, antebraços e mãos formam os membros superiores; coxas, pernas e pés constituem os membros inferiores.

Atividades

1 Sente, levante e ande um pouco. Ao andar, quais são as partes de seu corpo que mais se movimentam?

....

2 Ponha a mão sobre seu peito. O que você sente?

....

....

3 Como você explicaria aos colegas o que está acontecendo com o alimento que você comeu no café da manhã? Faça um desenho para ilustrar aquilo que você imagina, depois escreva sua explicação.

....

....

....

Capítulo 12 — A estrutura do corpo humano

Nosso corpo está organizado em células, tecidos, órgãos e sistemas, que funcionam de maneira integrada, ou seja, um sistema depende do outro para funcionar. E todos os sistemas são comandados pelo sistema nervoso, que você verá em um capítulo adiante.

As células

O corpo humano, como o dos seres vivos em geral, é formado por pequeninas partes vivas chamadas **células**.

As células que formam o corpo podem ser de tipos e de tamanhos diferentes. Em sua maioria, são tão pequenas que só podem ser vistas por meio de um microscópio, como as células que compõem o sangue. Veja:

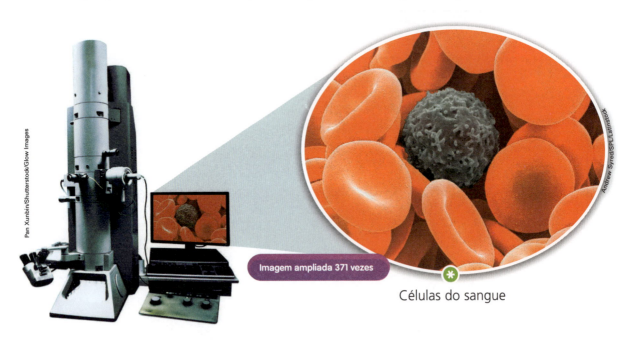

Imagem ampliada 371 vezes

Células do sangue

As células são responsáveis pelo crescimento do corpo. Elas têm a capacidade de se dividir, ou seja, uma célula dá origem a duas células, que, quando se dividirem novamente, darão origem a quatro células, e assim por diante. Grande número de células do corpo continua a se dividir mesmo depois que o indivíduo cresce. Elas darão origem a novas células, que substituirão as que morrerem ou precisarem ser renovadas.

Geralmente, as células são formadas por três partes principais.

Membrana: é a "película" que envolve e protege a célula. Permite a entrada e a saída de substâncias, como a água, os alimentos e o oxigênio. Também é função da membrana controlar a saída de outras substâncias, como o gás carbônico.

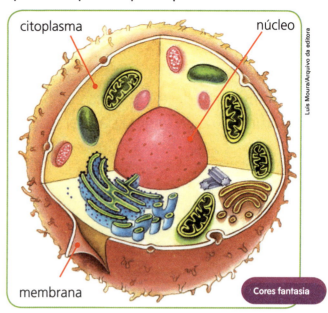

Citoplasma: localizado entre a membrana e o núcleo; nele estão presentes estruturas responsáveis principalmente pela nutrição da célula, já que transformam o alimento que entra nela.

Núcleo: é o responsável pelo funcionamento da célula. Está mergulhado no citoplasma e coordena todas as funções celulares. O núcleo é o principal responsável pela reprodução celular. Nele fica o DNA, ==código genético== no qual estão os genes, unidades hereditárias que contêm todas as características do ser vivo.

Alguns seres vivos são constituídos de uma única célula: são os **unicelulares**, como as bactérias. Outros seres vivos possuem inúmeras células: são os **pluricelulares**. Os vegetais e os animais são pluricelulares.

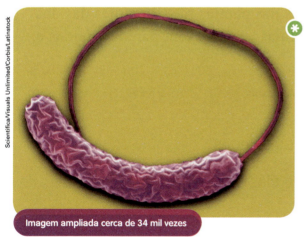

O vibrião da cólera é uma bactéria, exemplo de ser unicelular.

Imagem ampliada cerca de 34 mil vezes

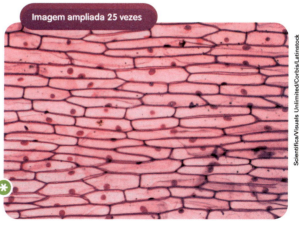

Imagem ampliada 25 vezes

Cebola. As plantas são exemplos de seres pluricelulares.

Atividades

1 Observe o desenho e escreva o nome e a função de cada uma das partes da célula.

Cores fantasia

....

....

....

....

....

2 Leia o texto a seguir.

> Todo ser vivo é composto de células. Cada uma é como uma fábrica microscópica, em que acontecem milhares de reações químicas que mantêm a vida. As células podem se dividir em duas, indefinidamente. Alguns seres vivos, como as amebas, têm apenas uma célula. Outros, como nós mesmos, temos milhões. As células das plantas são diferentes das dos animais em duas características: as células vegetais têm paredes rígidas e podem produzir sua própria comida.
>
> **CD Enciclopédia da Ciência.** São Paulo: Globo Multimídia, 2000. v. 2. (Descobrir). (Texto adaptado).

○ Baseando-se no texto, discuta com os colegas:

a) O que acontece nas células para que elas mantenham a vida?

....

b) Todos os seres vivos têm o mesmo número de células?

....

c) No que as células das plantas são diferentes das dos animais?

....

Os tecidos

Você já sabe que nosso corpo é formado por muitos tipos de célula. Essas células nunca funcionam isoladamente.

Em cada parte do corpo as células formam conjuntos, e cada conjunto exerce uma função. A esse conjunto de células damos o nome de **tecido**. Cada tecido do corpo realiza trabalhos diferentes.

Nosso organismo é constituído de quatro tipos de tecido.

- **Tecido epitelial**: é aquele que recobre o corpo por fora, formando a pele.

O tecido epitelial também reveste o interior de alguns órgãos, como a boca e o esôfago.

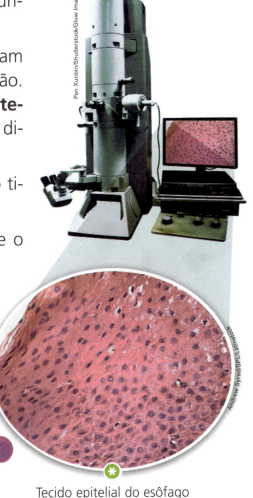

Imagem ampliada 195 vezes

Tecido epitelial do esôfago

- **Tecido muscular**: é aquele que constitui os músculos.

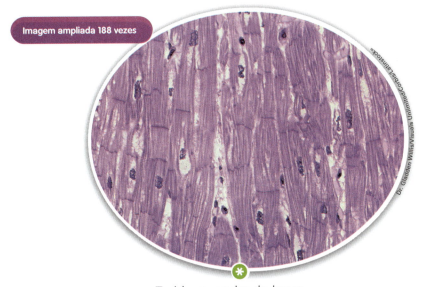

Imagem ampliada 188 vezes

Tecido muscular do braço

- **Tecido conjuntivo**: é o que dá sustentação e une os outros tecidos e os órgãos entre si. Os ossos de nosso corpo são formados por um tipo de tecido conjuntivo.

Tecido conjuntivo da traqueia

- **Tecido nervoso**: é o tecido que comanda todos os nossos atos. É encontrado no encéfalo, na medula e nos nervos.

Tecido nervoso do encéfalo

Um conjunto de tecidos forma um **órgão**.

Nosso corpo tem diversos órgãos, como o coração, os pulmões, o estômago, os rins, entre outros.

A reunião de vários órgãos constitui os **sistemas** responsáveis pelo funcionamento do organismo humano.

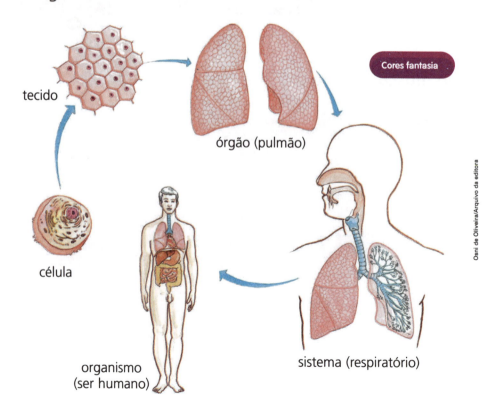

Capítulo 12 – A estrutura do corpo humano

Atividades

1 Responda:

a) De que é formado nosso corpo?

....

....

b) Que nome se dá a um conjunto de células do mesmo tipo, que realizam determinada função?

....

c) Onde é encontrado o tecido nervoso?

....

2 O corpo humano pode ser organizado em partes. Cada parte é constituída de outras menores.

Relacione as imagens numeradas aos nomes que seguem.

Cores fantasia

Ilustrações: J. Rodrigues/Arquivo da editora

1   2   3   4   5

( ) célula   ( ) tecido   ( ) órgão   ( ) sistema   ( ) organismo

3 O que é, o que é?

a) Tecido que recobre o corpo por fora. ....

b) Conjunto de tecidos. ....

c) Reunião de vários órgãos. ....

d) Tecido que dá sustentação. ....

Capítulo 13 — O sistema locomotor

Quantos tipos de movimento você consegue fazer com o seu corpo?

O sistema locomotor é responsável pelos movimentos do corpo. Ele é formado pelos ossos, músculos e articulações.

O esqueleto

O conjunto de osso de nosso corpo forma o **esqueleto**.

Há vários tipos de osso. O maior deles é o **fêmur**, que fica na coxa.

Os ossos têm a função de proteger os orgãos internos, além de participar, com os músculos e as articulações, dos movimentos do corpo.

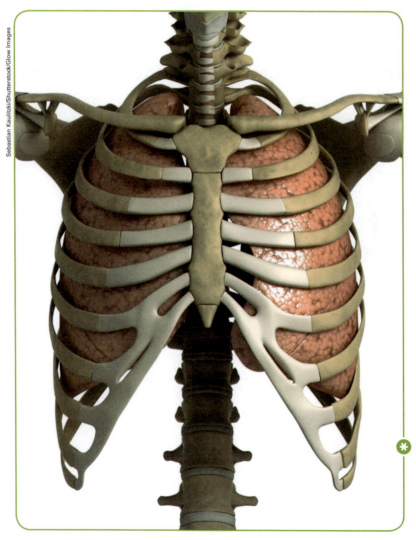

✱ **Caixa torácica** é um conjunto de estruturas ósseas que protege órgãos como o coração e os pulmões.

Os ossos estão ligados uns aos outros por meio de **articulações**. Algumas, como as das mãos, dos braços e dos joelhos, fazem movimentos amplos. São as chamadas articulações **móveis**. Outras, como as que ligam os ossos do crânio, são **imóveis**, pois não fazem movimentos. Há, ainda, algumas articulações **semimóveis**, como as da coluna vertebral, que fazem movimentos pequenos.

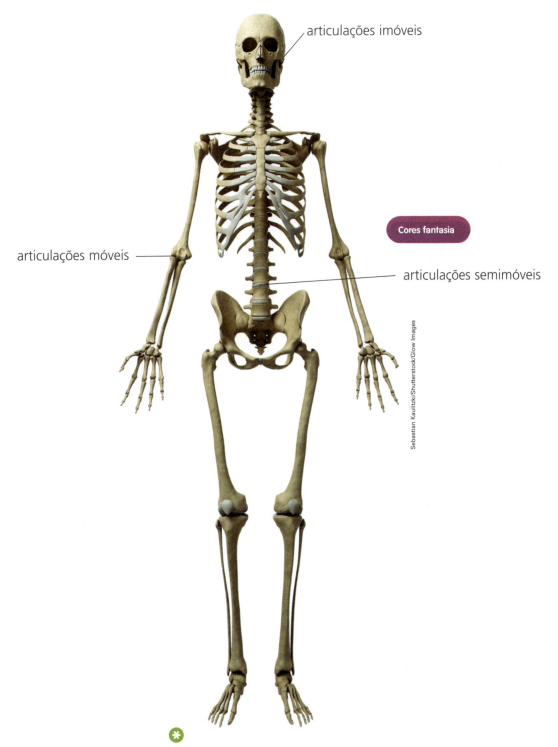

Representação do esqueleto humano

Os músculos

Os músculos do esqueleto localizam-se entre os ossos e a pele, dando forma ao corpo e protegendo os órgãos internos.

Os músculos se contraem e relaxam, dando movimento ao corpo.

Leia o texto abaixo e saiba mais sobre o assunto.

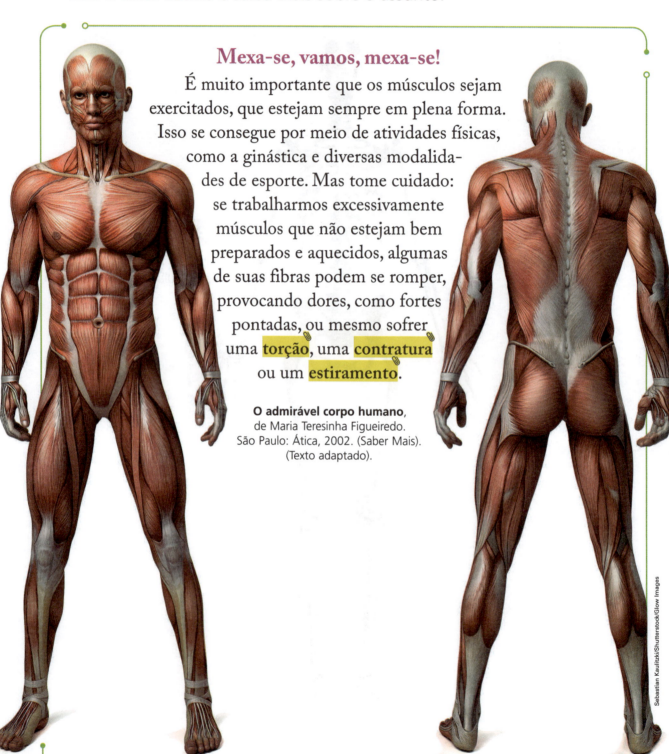

Mexa-se, vamos, mexa-se!

É muito importante que os músculos sejam exercitados, que estejam sempre em plena forma. Isso se consegue por meio de atividades físicas, como a ginástica e diversas modalidades de esporte. Mas tome cuidado: se trabalharmos excessivamente músculos que não estejam bem preparados e aquecidos, algumas de suas fibras podem se romper, provocando dores, como fortes pontadas, ou mesmo sofrer uma ==torção==, uma ==contratura== ou um ==estiramento==.

O admirável corpo humano, de Maria Teresinha Figueiredo. São Paulo: Ática, 2002. (Saber Mais). (Texto adaptado).

Em nosso corpo existem três tipos de músculos: estriado esquelético, estriado cardíaco e não estriado. Vejamos.

- **Músculo estriado esquelético**: permite mover as partes de nosso esqueleto de acordo com nossa vontade; por isso, é chamado de **voluntário**.

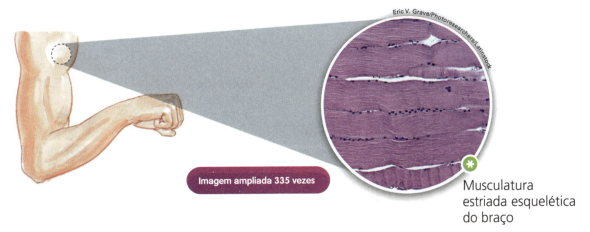

Imagem ampliada 335 vezes

Musculatura estriada esquelética do braço

- **Músculo estriado cardíaco**: é responsável pelos batimentos do coração. É também um músculo **involuntário**.

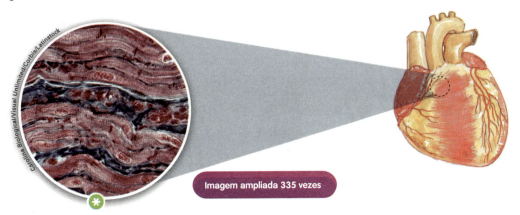

Imagem ampliada 335 vezes

Musculatura estriada cardíaca

- **Músculo não estriado**: é responsável pelo movimento de órgãos internos, como o estômago e o intestino. É um músculo involuntário, ou seja, não depende de nossa vontade para se contrair.

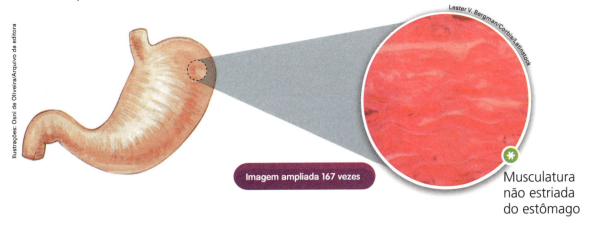

Imagem ampliada 167 vezes

Musculatura não estriada do estômago

Conhecendo os ossos do corpo humano

O esqueleto é a estrutura resistente que fica no interior do corpo. É formado por ossos distintos, que são ligados por articulações.

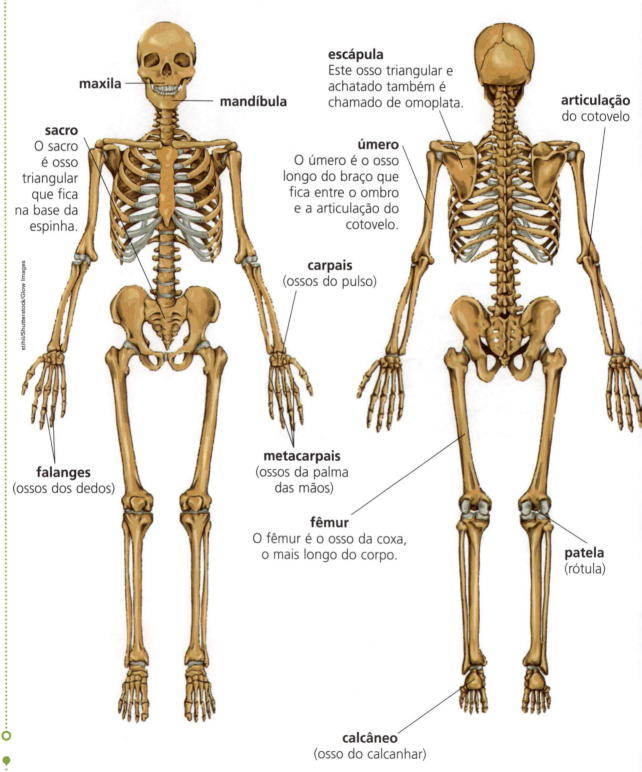

O esqueleto proporciona ao corpo sua forma e lhe serve de suporte, protegendo órgãos importantes como o cérebro e o coração. Embora os ossos sejam rígidos, o esqueleto é capaz de se movimentar porque as articulações entre eles são flexíveis. Antes do nascimento, o esqueleto é feito de cartilagem, e não é, portanto, tão firme. Essa cartilagem vai gradualmente se transformando em osso à medida que o corpo se desenvolve.

O desenvolvimento dos dentes

Os dentes nascem na maxila e na mandíbula, também chamadas de maxilares superior e inferior.

A primeira dentição começa a aparecer quando ainda somos bebês. Por volta dos 6 anos, os primeiros dentes começam a cair e vão sendo substituídos por dentes adultos.

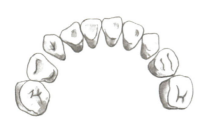

Arcada dentária superior de uma criança

Arcada dentária superior de um adulto

Estrutura óssea

O osso é um tecido vivo muito forte, feito de cálcio e proteína. A maior parte do osso é formada por colunas dispostas em camadas circulares, semelhantes às do tronco de uma árvore.

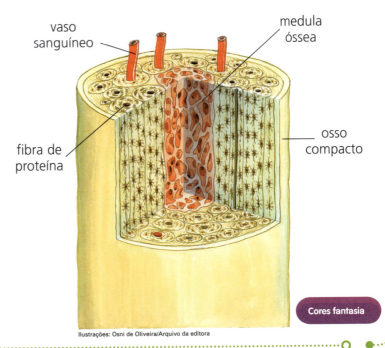

Cores fantasia

Corpo humano: a descoberta de um mundo secreto. São Paulo: Globo, 1997. (Texto adaptado).

Atividades

1 Todos os movimentos do corpo são executados pelos músculos, que são formados de tecidos capazes de se contrair.

Sistema musculoesquelético

Músculos da cabeça e do pescoço

As contrações desses músculos produzem as expressões faciais e os movimentos da cabeça. Eles são também responsáveis pela fala e pela deglutição.

Músculos do braço

As áreas principais dos músculos dos braços se localizam nos ombros e abaixo do cotovelo. Longos tendões conectam os músculos do antebraço com o pulso e os dedos.

Músculos abdominais

Este grande grupo de músculos é responsável pelos movimentos regulares da respiração, por equilibrar os músculos da espinha nas ações de erguer e por manter os órgãos abdominais firmemente posicionados.

CD Guia médico da família. São Paulo: Globo Multimídia, 1998. (Texto adaptado).

- Agora, complete:

As pessoas e também os outros animais movimentam-se facilmente porque seus músculos ....

....

2 Observe os movimentos de um colega. Depois, dê três exemplos de movimentos que você notou e escreva quais são os músculos utilizados.

3 Explique a diferença entre:

a) músculos voluntários e involuntários;

....
....
....
....

b) articulações móveis e semimóveis.

....
....
....

4 Reflita e responda: "O que aconteceria com seu corpo se você não tivesse ossos?".

....
....
....

5 Em grupos, façam uma pesquisa sobre doenças que podem atingir o sistema locomotor e como podem ser evitadas e tratadas. Escolham uma das doenças encontradas e apresentem sua pesquisa para a classe.

....
....
....
....
....
....

Capítulo 14 — O sistema nervoso

Todas as atividades realizadas por nosso corpo são controladas pelo sistema nervoso. Ele recebe, transmite, cria, reorganiza e armazena informações. Todas as nossas sensações, como frio, fome, medo, alegria, tristeza, entre outras, são transmitidas ao cérebro por meio de nervos.

Algumas atividades, como falar, andar e escrever, dependem de nossa vontade; são as ações **voluntárias**. Outras, como a respiração, os batimentos cardíacos e a secreção da saliva não dependem de nossa vontade e acontecem mesmo que não enviemos ao corpo o comando para isso; são as ações **involuntárias**.

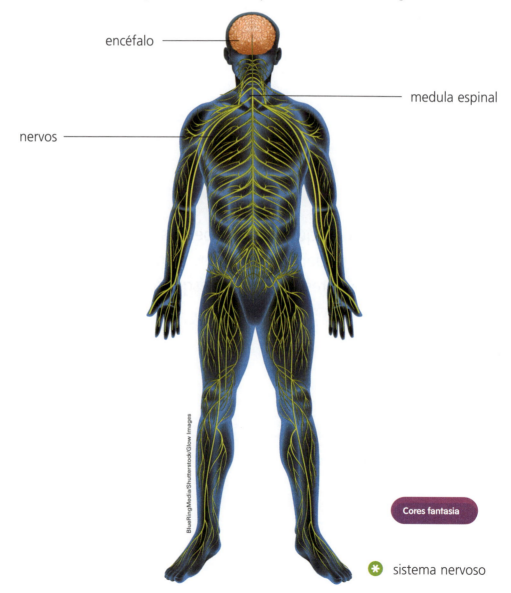

Cores fantasia

sistema nervoso

O sistema nervoso é formado pelo **encéfalo**, pela **medula espinal** e pelos **nervos**.

A medula espinal tem a forma de um cordão. Ela liga o encéfalo às diversas partes do corpo. É responsável pela condução de informações ao encéfalo. Participa de nossos atos involuntários e também de nossos reflexos.

Os nervos enviam e recebem informações. Eles saem do encéfalo e da medula e se estendem para todas as partes do corpo.

É o sistema nervoso que garante o funcionamento de todos os órgãos do corpo humano.

No **encéfalo**, encontram-se:

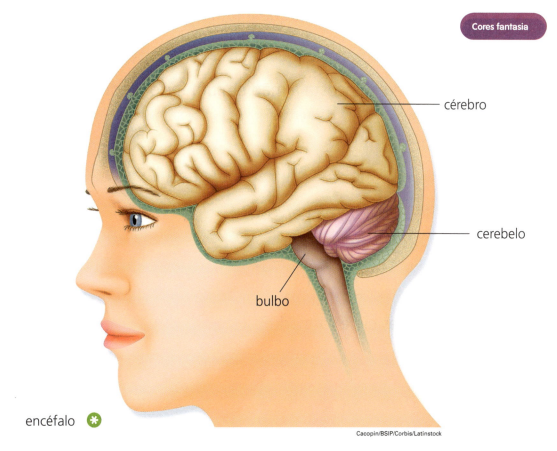

encéfalo

- o **cérebro**, órgão responsável pela memória, pelo pensamento e pela inteligência;

- o **cerebelo**, responsável pela coordenação dos movimentos comandados pelo cérebro, garantindo uma perfeita harmonia entre eles. Localiza-se logo abaixo do cérebro; e

- o **bulbo**, que controla os movimentos involuntários, como a respiração, a circulação e os batimentos cardíacos.

Atividades

1) O reflexo é uma reação de nosso organismo a estímulos do ambiente. Ele ocorre porque os nervos conduzem as mensagens captadas até o cérebro e este responde ao estímulo. Converse com os colegas e conte o que acontece em cada situação a seguir.

a) Você está com muita fome e sente cheiro de comida.

....

b) Você entra em um local em que a luminosidade é intensa.

....

c) Você, sem querer, encosta a mão em um ferro de passar roupas quente.

....

2) Responda:

a) Para que serve o sistema nervoso?

....

....

b) Por quais partes ele é formado?

....

....

c) Qual é a função dos nervos?

....

....

d) Quais são as partes que compõem o encéfalo?

....

....

3) Leia e responda:

A bailarina realiza passos harmoniosos ao som da música. Com muita calma, ela se movimenta pelo palco na ponta dos pés.

- Quais partes do encéfalo auxiliam a bailarina a realizar a dança?

Os órgãos dos sentidos

A integração do ser humano ao ambiente através dos sentidos depende do sistema nervoso.

A visão, a audição, a gustação, o olfato e o tato são os nossos cinco sentidos.

Para cada um desses sentidos, há um órgão especial que recebe as informações do ambiente.

O olho é o principal órgão da visão; a orelha, o da audição; a língua, o da gustação; o nariz, o do olfato; e a pele, o do tato.

As informações do ambiente são conduzidas pelos nervos até o encéfalo, onde se transformam em sensações.

Observe como isso tudo acontece.

O rapaz sentiu cheiro de queimado. Foi até a cozinha, viu que o leite estava queimando. Imediatamente, desligou o botão do fogão. Seus órgãos dos sentidos evitaram que ocorresse um acidente.

Atividades

1 Complete, escrevendo as palavras do quadro nos espaços adequados.

> encéfalo   sentidos   nervos   ambiente   medula

Os órgãos dos .... captam informações do .... e as mandam para o .... e para a .... por meio dos ....

2 Escreva o nome dos nossos cinco sentidos e dos órgãos correspondentes a eles.

....

....

3 Escreva exemplos de como você pode tomar conhecimento do que acontece à sua volta.

pela visão: ....

....

pelo tato: ....

....

pela gustação: ....

....

pelo olfato: ....

....

pela audição: ....

....

4 Em seu caderno, escreva sobre a importância dos órgãos dos sentidos em sua vida. Faça também desenhos ou cole figuras.

Capítulo 15 — O sistema digestório

Os alimentos fornecem energia para os seres vivos. Quando são ingeridos, precisam ser transformados antes de serem aproveitados como nutrientes. Esse processo de transformação dos alimentos dentro do corpo chama-se **digestão**.

O sistema digestório é constituído pelos órgãos que formam o **tubo digestório** (por onde passa o alimento) e pelos órgãos anexos (responsáveis pela produção de sucos digestórios).

Cores fantasia

Órgãos do sistema digestório

A digestão de um alimento ocorre da seguinte forma:

- Na boca, o alimento é mastigado e misturado à saliva, com a ajuda dos dentes e da língua. O alimento transforma-se, então, numa espécie de massa, chamada **bolo alimentar**.

- O bolo alimentar segue para a **faringe**, é engolido e depois percorre o **esôfago** até chegar ao **estômago**.

- No estômago, o bolo alimentar é misturado com o suco gástrico, produzido pelo próprio estômago. Esse suco transforma o alimento numa pasta, que recebe o nome de **quimo**.

- Do estômago, o quimo é enviado ao **intestino delgado**, onde é misturado com outros sucos digestórios, produzidos pelo fígado, pelo pâncreas e pelo próprio intestino. O quimo torna-se, então, uma pasta líquida e passa a se chamar **quilo**.

- Uma parte do quilo é aproveitada pelo organismo e passa para o sangue, sendo levada para todas as células de nosso corpo. A parte que não é aproveitada vai para o **intestino grosso** e é eliminada pelo **ânus**, na forma de fezes.

Saiba mais

Estruturas e órgãos anexos do sistema digestório

A imagem da página ao lado apresenta os órgãos que são percorridos pelos alimentos que ingerimos e mostra também outros órgãos auxiliares no processo de digestão, chamados anexos. Veja alguns deles:

- Os **dentes** cortam e trituram os alimentos.

- As **glândulas salivares** liberam a saliva, que contém uma substância que dá início ao processo de digestão.

- O **fígado** é um órgão com diversas funções; entre elas, ele ajuda a controlar a quantidade de açúcar no sangue.

- O **pâncreas** (que fica bem atrás do estômago) produz grande quantidade do suco digestório que é liberado no intestino delgado.

Atividades

1 Responda:

a) O que é sistema digestório?

b) O que é digestão?

c) Onde começa a digestão?

d) O que acontece com a parte do alimento não aproveitada pelo organismo?

2 O que é, o que é?

a) Órgão onde é formado o bolo alimentar.

b) Nome do primeiro órgão pelo qual passa o bolo alimentar depois de engolido.

c) Órgão que produz um suco digestório chamado suco gástrico.

d) Nome que o bolo alimentar recebe depois de misturado com o suco gástrico.

e) Nome que recebe o quimo depois de misturado com outros sucos digestórios.

3 Otávio vai comer uma maçã. Escreva o nome dos órgãos que esse alimento percorrerá no corpo dele.

Capítulo 16 — O sistema respiratório

Para viver precisamos respirar. A respiração é o processo de aproveitamento de oxigênio e eliminação de gás carbônico. O mecanismo da respiração envolve dois momentos:

- a **inspiração** - entrada de ar em nosso organismo;
- a **expiração** - saída de ar de nosso organismo.

O sistema respiratório é o conjunto de órgãos responsáveis pela respiração.

Os órgãos que constituem o sistema respiratório são: as cavidades nasais, a faringe, a laringe, a traqueia, os brônquios e os pulmões.

Observe o esquema do sistema respiratório.

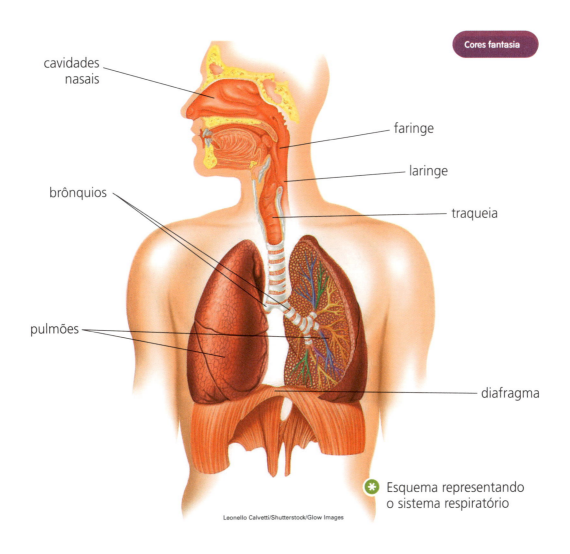

Cores fantasia

Esquema representando o sistema respiratório

Leonello Calvetti/Shutterstock/Glow Images

Veja como acontece a respiração.

- O ar, carregado de oxigênio, penetra no corpo humano pelas narinas e vai para as cavidades nasais, que ficam dentro do nariz. Nele, o ar é filtrado por pequenos pelos, que não deixam a poeira passar.

- Em seguida, o ar passa pela faringe, atravessa um pequeno orifício chamado glote e chega à laringe. Daí, ele segue em direção à traqueia e depois aos brônquios.

- Os brônquios conduzem o ar até os pulmões. Um dos brônquios penetra no pulmão esquerdo e o outro, no pulmão direito.

- Nos pulmões, ocorre a troca de gases: o sangue recolhe o oxigênio e deixa o gás carbônico que trouxe das outras partes do corpo. O oxigênio é então conduzido pelo sangue para todas as células. O gás carbônico, por sua vez, é lançado na atmosfera.

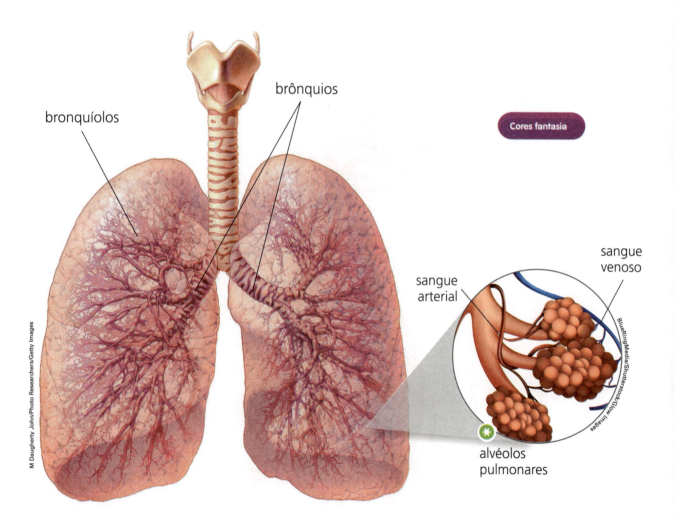

Capítulo 16 – O sistema respiratório

1 Verifique as imagens abaixo. Complete-as, indicando o processo da troca de gases que fazemos ao respirar:

entrada do ar (rico em oxigênio)

saída do ar (carregado de gás carbônico)

....

2 Marque com **V** as afirmações verdadeiras e com **F** as falsas.

◯ O gás eliminado na respiração é o gás carbônico.

◯ O gás carbônico é levado para os pulmões pelo sangue e depois é lançado para a atmosfera.

◯ O oxigênio é levado a todas as células do corpo pelos pulmões.

◯ A troca de oxigênio por gás carbônico acontece nas fossas nasais.

3 Complete o quadro com o nome dos órgãos correspondentes.

Sistema respiratório	Sistema digestório

Capítulo 17 — O sistema cardiovascular

O sangue transporta para todo o corpo o oxigênio, os nutrientes e outras substâncias necessárias para o bom funcionamento do organismo. Ele percorre o corpo por meio de uma enorme rede de vasos sanguíneos.

Os vasos sanguíneos podem ser de três tipos, cada um com uma função diferente: **artérias**, **vasos capilares** e **veias**.

O sangue, o coração e os vasos sanguíneos compõem o sistema cardiovascular.

O **coração** funciona como uma bomba, impulsionando o sangue rico em oxigênio que vem dos pulmões para todas as partes do corpo. Ele faz isso por meio dos **vasos sanguíneos**.

As **artérias** levam o sangue para fora do coração.

As **veias** conduzem o sangue para o coração.

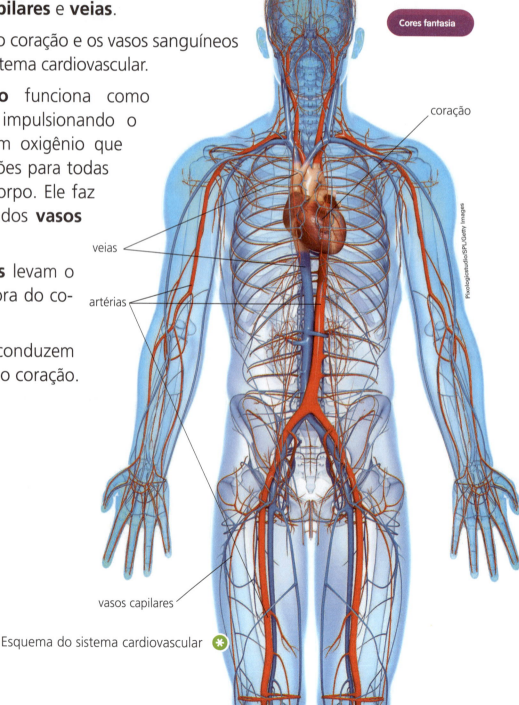

Cores fantasia

Esquema do sistema cardiovascular

Veja na figura que as artérias e as veias se espalham praticamente pelo corpo inteiro. Onde terminam as artérias formam-se as veias, que levam de volta o sangue para o coração.

Observe ainda que as artérias são vasos mais grossos formados de tecido muscular. As veias são mais finas que as artérias; e os **capilares** são vasos finos que estão entre as veias e as artérias.

O trajeto percorrido pelo sangue no interior dos vasos sanguíneos recebe o nome de circulação.

Há dois tipos de circulação em nosso corpo: a pequena e a grande.

Na **pequena circulação**, o sangue vai do coração aos pulmões e dos pulmões ao coração. Na **grande circulação**, o percurso realizado pelo sangue é do coração ao corpo todo e do corpo todo ao coração.

Em condições normais, nosso coração bate de 60 a 80 vezes por minuto.

O número de pessoas que morrem por doenças circulatórias é muito grande. Algumas medidas, como não fumar, controlar o peso, alimentar-se corretamente e praticar exercícios físicos regulares e sem exagero, podem diminuir a probabilidade de aparecimento de doenças circulatórias.

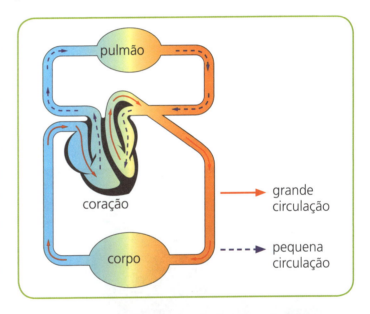

Aprenda mais sobre seu corpo

- O coração pode continuar funcionando fora do corpo do animal por algum tempo se for mantido em condições parecidas com as geralmente existentes no interior dos organismos.

- No corpo de uma pessoa adulta, circulam cerca de cinco litros de sangue.

- O sangue, em sua maior parte, é constituído de água.

- Existem diferentes tipos de sangue e cada pessoa pertence a um grupo sanguíneo: grupo A, grupo B, grupo AB ou grupo O.

- Algumas pessoas podem precisar receber sangue por transfusão. A transfusão consiste em fazer passar o sangue de uma pessoa para outra.

- Antes de fazer uma transfusão, é preciso conhecer o tipo de sangue de quem doa (doador) e de quem vai receber (receptor), pois as transfusões só podem ser feitas com tipos de sangue que tenham compatibilidade.

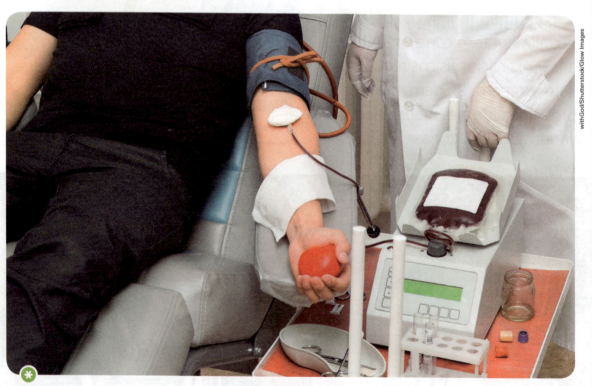

Os bancos de sangue, que fornecem as bolsas de sangue para transfusões, dependem da doação de pessoas voluntárias.

Atividades

1 Assinale com um **X** a opção que completa corretamente a frase.

O coração envia para todas as partes do corpo o sangue rico em oxigênio que vem…

○ das veias.   ○ dos pulmões.   ○ das artérias.

2 Responda:

a) Por quais órgãos é formado o sistema cardiovascular?

....

b) O que se entende por circulação?

....

c) O que é a pequena circulação?

....

d) O que é a grande circulação?

....

3 O coração responde a estímulos do sistema nervoso. Observe a cena, imagine que você está passando pela situação e escreva o que acontece em seu organismo.

....
....
....
....
....
....

Capítulo 18 — O sistema urinário

Ao realizar as funções que nos mantêm vivos, nosso organismo produz e transforma muitas substâncias, algumas das quais precisam ser eliminadas, pois são prejudiciais à saúde. Chama-se **metabolismo** o conjunto dessas transformações.

A eliminação de resíduos produzidos é feita principalmente pelo sistema urinário.

Os órgãos que compõem o sistema urinário são: os rins, os ureteres, a bexiga e a uretra.

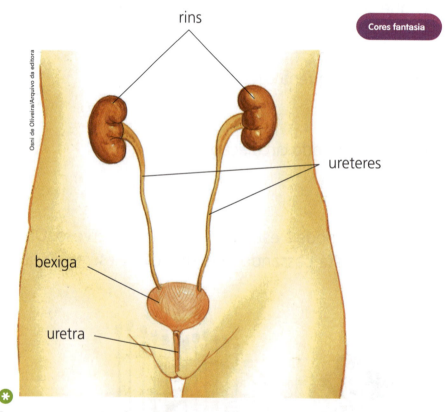

Esquema representando o sistema urinário

Os rins funcionam como filtros, retirando os resíduos do sangue e transformando-os em urina.

Depois de formada nos rins, a urina é conduzida pelos ureteres até a bexiga, órgão muscular e elástico que aumenta de tamanho à medida que fica cheio. Da bexiga, a urina é eliminada por um tubo chamado uretra.

Atividades

1 Associe um número a cada frase.

(1) rins   (2) ureteres   (3) bexiga   (4) uretra

( ) Acumula a urina até sua eliminação.

( ) Conduzem a urina até a bexiga.

( ) Filtram o sangue e produzem a urina.

( ) Elimina a urina.

2 O que você acha que pode acontecer com uma pessoa quando os resíduos produzidos por seu organismo não são devidamente eliminados?

....

....

3 Pesquise e numere a segunda coluna de acordo com a primeira.

(1) urina   ( ) Está presente em todos os alimentos.

(2) urina, suor e fezes ( ) A cada 24 horas passa 150 vezes pelos rins.

(3) água   ( ) Por meio deles, perdemos 2,5 litros de água por dia.

(4) sangue   ( ) Cerca de 95% de sua composição é água.

4 Faça uma pesquisa para descobrir o que pode ser feito para o tratamento de uma pessoa com deficiência renal crônica. Registre as informações que encontrar e apresente-as à classe.

....

....

....

Capítulo 19 — O sistema genital

Você já sabe que nosso corpo é formado por muitas células.

Durante a puberdade, o corpo começa a produzir um tipo especial de células, cuja finalidade é a reprodução humana.

O ser humano se reproduz, isto é, dá origem a uma nova vida, pelo encontro das células sexuais masculinas e femininas, o que pode acontecer no ato sexual entre um homem e uma mulher.

Observe o sistema genital do homem.

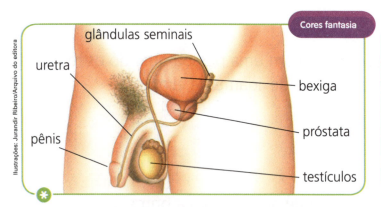
Esquema representando o sistema genital masculino

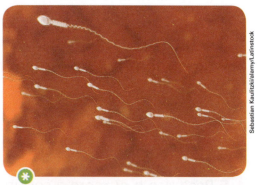
Representação de espermatozoides se movimentando ao sair dos testículos.

Nesse sistema, os principais órgãos são os **testículos**, o **pênis** e a **uretra**.

Os testículos produzem os **espermatozoides**, que são as células reprodutoras masculinas. Saindo dos testículos, os espermatozoides deslocam-se por meio de canais até o pênis, de onde são lançados para fora pela uretra.

Agora observe o sistema genital da mulher.

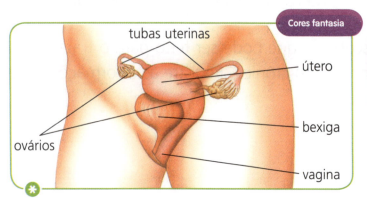
Esquema representando o sistema genital feminino

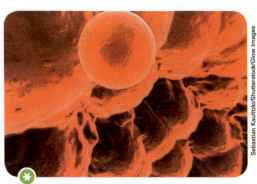
Óvulo repousado na tuba interina.

No sistema genital da mulher, os principais órgãos são os **ovários**, o **útero** e a **vagina**.

Os ovários são os órgãos que produzem as células reprodutoras femininas, os **óvulos**. Ao sair de um dos ovários, o óvulo é levado para uma das tubas uterinas. Essa tuba, por sua vez, transporta o óvulo até o útero.

Para que uma nova vida seja gerada, é necessário que o espermatozoide encontre o óvulo e penetre nele.

Veja na imagem como ocorre esse encontro, chamado **fecundação**.

Em uma relação sexual, os espermatozoides percorrem a uretra e deixam o corpo do homem pelo pênis, podendo ser depositados na vagina da mulher. Da vagina, eles sobem até o útero. Se um espermatozoide encontrar um óvulo e penetrar nele, ocorrerá a fecundação.

O óvulo fecundado se transforma em célula-ovo e fixa-se no útero, que se prepara para recebê-lo. Ali a célula-ovo começa a desenvolver-se, formando o embrião, que dará origem ao bebê.

Se o óvulo não for fecundado, ou seja, se ele não se unir a um espermatozoide, não se fixará no útero. Nesse caso, o material formado pelo útero para receber o óvulo desprende-se e é eliminado, com o sangue, pela vagina. É a **menstruação**, que dura, aproximadamente, de três a cinco dias.

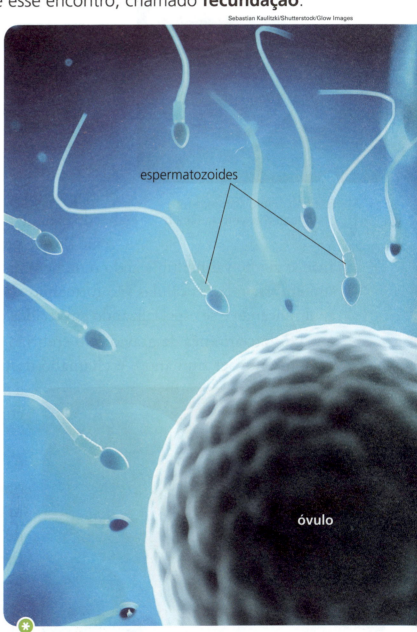

Esquema representando a fecundação humana

O período que vai de uma menstruação a outra chama-se **ciclo menstrual**. Esse ciclo dura, em média, 28 dias.

Saiba mais

A gravidez e o parto

Com a fecundação, forma-se uma grande célula que se chama zigoto. No seu interior, se encontram informações da mulher trazidas pelo óvulo e do homem trazidas pelo espermatozoide. Com isso, o zigoto tem as instruções para o seu desenvolvimento e acaba formando um menino ou uma menina com semelhanças com o pai e a mãe, como a altura, a cor dos olhos e dos cabelos.

Para se desenvolver, todas as células precisam de nutrientes e oxigênio. Como o zigoto os obtém? A cada mês, aproximadamente, o útero vai se preparando para esse acontecimento. Nas suas paredes se formam grandes concentrações de sangue onde o óvulo fecundado se fixa e recebe, do sangue da mãe, todos os nutrientes e oxigênio de que precisa. Uma vez fixado no útero da mãe, o zigoto vai multiplicando o número das suas células até se converter em um **embrião**. Essas células vão formando sistemas e órgãos, conforme vão se multiplicando e se especializando em tecidos diferentes.

Embrião com 6 semanas no útero materno, com tamanho de 5 mm.

No terceiro mês de gravidez, o embrião já possui um aspecto semelhante ao de um ser humano e é chamado de **feto**. Os seus órgãos continuam a se desenvolver e a se tornar mais complexos.

O embrião fica unido ao útero da mãe pelo cordão umbilical, por onde os alimentos e o oxigênio da mãe passam para o filho por meio de uma área muito especial que se forma no útero: a placenta. Esse período, durante o qual a mãe carrega no seu interior um novo ser, se chama gravidez.

Feto com 40 semanas, pronto para nascer, com tamanho de 48 cm.

Aprendendo Ciências, de César Coll e Ana Teberosky. São Paulo: Ática, 2000.

Atividades

1 Encontre no diagrama o nome:

a) dos órgãos que produzem células reprodutoras masculinas;

b) do órgão no qual se instala o óvulo fecundado;

c) do órgão pelo qual os espermatozoides são lançados para fora do sistema genital masculino;

S	O	E	R	N	S	E	O	G	E	I	D	E	S
E	V	T	B	U	R	E	T	R	A	P	U	S	T
C	Á	J	A	O	A	D	M	R	V	U	O	K	Í
M	R	M	T	E	S	T	Í	C	U	L	O	S	X
S	I	P	T	U	V	N	F	Q	I	Z	X	P	L
N	O	S	Z	A	M	S	K	X	M	T	O	L	M
A	S	R	X	L	O	Ú	T	E	R	O	Q	U	E
J	A	O	R	I	Q	V	L	H	N	E	T	N	R

d) dos órgãos que produzem células reprodutoras femininas.

o Agora escreva, nas figuras correspondentes, os nomes encontrados.

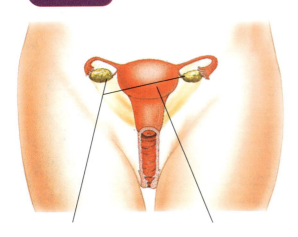
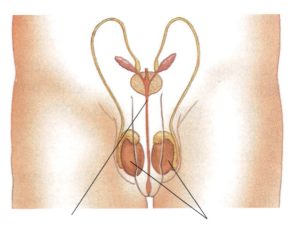

Cores fantasia

....

2 Complete a frase corretamente.

Para a formação de um bebê, é necessário que haja ....,
que se dá mediante a .... do óvulo da
.... com o espermatozoide do ....

O tema é...
A montanha-russa hormonal

Durante uma fase da vida, as crianças deixam de ser crianças, mas ainda não se tornaram adultos: estão em plena transformação. Essa fase intermediária é chamada de puberdade e faz parte da adolescência. Nela, os hormônios parecem ficar enlouquecidos com mudanças profundas no corpo e emoções confusas e desconcertantes.

Seu Sistema Endócrino

Você lembra da **glândula pituitária**? Pois ela é uma das comandantes do **Sistema Endócrino**, que é o encarregado de fazer coisas fundamentais, como ajudá-lo a crescer. Essa e outras glândulas fabricam hormônios para informar as células sobre o que devem fazer em cada momento. [...]

O amor está no ar!

Você já deve ter visto as borboletas voarem juntas umas das outras. Isso se deve aos feromônios: substâncias químicas que são secretadas para atrair o indivíduo do sexo oposto. As fêmeas são capazes de atrair um macho a 20 quilômetros de distância! Os cientistas suspeitam que os humanos também trocam informações por meio dos feromônios.

Conheça um pouco mais sobre os hormônios que seu corpo produz e o que acontece com você nessa fase:

1 – O Hormônio do crescimento
Na realidade, ele se chama somatotropina e é produzido pela hipófase ou **glândula pituitária**. Provoca o crescimento das células, portanto é o responsável pelo aumento do seu tamanho.

2 – A Adrenalina
É o hormônio da urgência, e o secretamos diante de situações de risco para ficarmos alerta e sabermos reagir. É produzido pelas **glândulas suprarrenais**.

3 – A Testosterona
É o hormônio sexual masculino e faz com que os meninos desenvolvam sua musculatura e tenham pelos no corpo. É produzido pelos **testículos**.

4 – O Estrógeno
É o hormônio sexual feminino. Graças a ele, os seios das meninas se desenvolvem e elas menstruam, preparando-se para poderem ser mães no futuro. É produzido pelos **ovários**.

O que acontece com os meninos?

Na puberdade, os meninos costumam crescer, seu corpo muda, tornam-se mais fortes e grandes, a voz fica mais grave, começa a nascer barba e seus órgãos sexuais, depois de um longo processo, amadurecem e crescem.

É possível que nesta etapa você se sinta estranho, não aceite bem estas mudanças e fique mal-humorado ou não controle bem as suas emoções e sentimentos. Fique tranquilo: vivenciar essas emoções faz parte da fase da vida chamada adolescência.

exopixel/Shutterstock/Glow Images

O que acontece com as meninas?

A puberdade também muda muitas coisas nas meninas: de repente, o corpo começa a ter formas mais arredondadas, os seios crescem, o quadril aumenta e por dentro tudo se revoluciona. É também durante a puberdade que a menina menstrua pela primeira vez.

E de quando em quando a menstruação vem? Ela acontece aproximadamente a cada 28 dias. É um processo no qual o corpo expulsa o óvulo não fecundado por meio de um sangramento. A menstruação pode ser incômoda: às vezes, as meninas sentem dor, o ventre fica inchado, elas podem ficar irritadas e até mesmo tristes. Tudo isso é normal: trata-se das consequências da variação hormonal que acontece no seu corpo durante esse período.

Iancu Cristian/Shutterstock/Glow Images

Corpo humano: uma máquina perfeita. São Paulo: Ciranda Cultural Editora, 2010.

Nessa fase, o menino e a menina ainda não entendem ou não conseguem antever as transformações que ocorrerão em seu corpo num futuro bem próximo. É no decorrer desse período que a sexualidade aflora e emoções como a paixão se tornam mais frequentes. É importante estar informado e preparado para vivenciar essas emoções e experiências com saúde e responsabilidade, conhecendo seu próprio corpo e tomando os devidos cuidados com ele.

- Agora chegou o momento de tirar suas dúvidas. Aproveite o conhecimento do professor e faça perguntas sobre o primeiro beijo, sexo e gravidez na adolescência, métodos contraceptivos, hormônios e alterações do corpo durante a puberdade, etc. Para isso, você e os colegas vão escrever suas perguntas em um papel e depositá-lo em uma caixa, que vai ficar sob a responsabilidade do professor. Lembre-se de que esse é um assunto importante, que não deve ser encarado com vergonha, e sim tratado com respeito.

Capítulo 20 — Higiene e saúde

OED

Quando todos os órgãos de nosso corpo funcionam bem, temos saúde. Saúde é também estar livre de doenças e ter bom relacionamento social, ou seja, viver bem com parentes, amigos, pessoas da escola e do bairro.

Há outros aspectos importantíssimos para viver de forma saudável. Alimentar-se bem, ter um lugar onde morar com saneamento básico, acesso à escola, um trabalho e momentos de lazer são condições indispensáveis para que se tenha uma boa saúde.

O conjunto de hábitos que favorecem nossa saúde e bem-estar é chamado de higiene.

- Higiene física

    São os hábitos de higiene com nosso corpo.

- Higiene mental

    Faz-se com o descanso e o lazer.

Além desses cuidados, é importante cuidar da limpeza e da organização dos espaços públicos, e tratar bem as pessoas à nossa volta.

Saiba mais

Higiene bucal

Os dentes que nascem depois da queda dos dentes de leite são para toda a vida. Por essa razão, é preciso cuidar muito bem deles. Para isso, é necessário escová-los depois de cada refeição e evitar comer doces demais. Senão, as cáries vão aparecer! A cárie é um furinho no dente que pode aumentar, indo do esmalte até a raiz do dente. Se não é tratada, ela pode quebrar o dente ou mesmo destruí-lo.

Um dente saudável

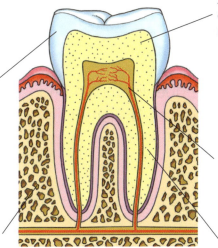

A **dentina** está debaixo do esmalte e parece um osso.

O **esmalte** é uma substância branca e muito dura que cobre e protege o dente.

Os **vasos sanguíneos** levam alimento aos dentes.

Osso da **maxila** ou da **mandíbula**.

A **raiz** mantém o dente preso no osso.

Um dente cariado

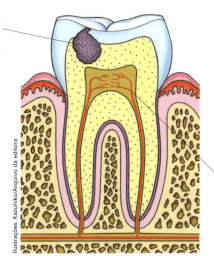

A **cárie** é um buraco no dente. Esta aqui atravessou o esmalte e a dentina, mas ainda não chegou ao nervo.

Quando a cárie atinge o **nervo**, sentimos muita dor de dente.

Ilustrações: Kazuhiko/Arquivo da editora

Corpo humano: como é feito, como funciona, e cuidados com a saúde. São Paulo: Larousse do Brasil, 2005. (Biblioteca Larousse).

Atividades

1) Escreva qual é o tipo de higiene a que se refere cada frase.

a) Eu tomo banho todos os dias.
....

c) Escovo os dentes três vezes por dia.
....

b) Durmo de 8 a 10 horas por dia em quarto arejado.
....

d) Após o dever de casa, costumo brincar com meus amigos.
....

2) Manter limpo o lugar em que vivemos é importante para uma vida saudável. De que maneira você ajuda a manter limpo o lugar onde você mora? E a escola em que estuda?

....
....
....

3) Com seus familiares, elabore uma lista de atitudes que, na opinião de vocês, devem fazer parte dos hábitos de higiene (física, mental e social) de qualquer pessoa. Depois, em aula, compare-a com as dos seus colegas.

....	....
....	....
....	....
....	....

- Agora, reflita: dos hábitos listados acima, quais você pratica diariamente? Há algum hábito listado por outro colega que você achou importante?

Capítulo 20 – Higiene e saúde

Nutrição

A saúde de nosso corpo depende muito da alimentação.

O corpo precisa de energia para que todos os órgãos possam funcionar adequadamente. Essa energia é obtida dos alimentos. Durante a digestão, os alimentos são transformados em partes bem pequenas que podem ser absorvidas pelo corpo: são os **nutrientes**. Eles devem ser variados, a fim de suprir o organismo de tudo o que ele precisa.

Em nossa alimentação, devemos incluir alimentos de origem vegetal, animal e mineral.

Origem mineral	Origem vegetal	Origem animal

Os alimentos têm diferentes funções em nosso organismo. De acordo com as substâncias contidas em maior quantidade, eles podem ser classificados em construtores, energéticos e reguladores.

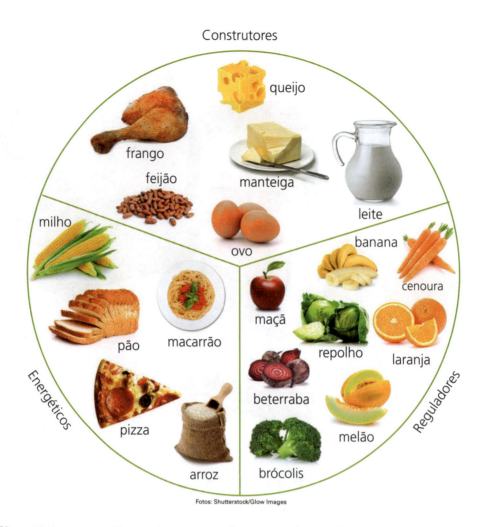

- **Alimentos construtores**: são ricos em **proteínas**. As proteínas ajudam na renovação das células, na reconstrução dos tecidos e no crescimento do corpo. São exemplos de alimentos ricos em proteínas: peixe, leite, soja, ovo, frango, feijão e carne.

- **Alimentos energéticos**: são os **carboidratos** e **lipídios**, ricos em **açúcares** e **gorduras**, substâncias que dão energia ao nosso corpo. São exemplos de alimentos ricos em açúcares e gorduras: mel, leite, açúcar, frutas, beterraba e óleos.

- **Alimentos reguladores**: são ricos em **sais minerais** e **vitaminas**, substâncias que regulam o funcionamento de nosso organismo, participando da defesa contra doenças.

Os sais minerais, como cloro, sódio, cálcio, flúor e ferro, são necessários para a formação dos ossos, dos dentes e do sangue. Eles são encontrados no sal de cozinha, no leite, nas verduras, etc.

As vitaminas são necessárias para o desenvolvimento de nosso organismo e para a prevenção de certas doenças. As vitaminas A, B, C, D e E são encontradas principalmente em frutas, verduras, ovos e leite.

Atividades

1 Verifique os tipos de alimento que você costuma comer e escreva o nome de alguns deles nos quadros correspondentes.

Sais minerais e vitaminas	Açúcares e gorduras	Proteínas

o Agora, responda:

a) Sua alimentação é variada? Por quê?

....

....

b) O que você consome em maior quantidade: alimentos construtores, energéticos ou reguladores?

....

c) Por que a alimentação deve ser variada?

....

....

2 Assinale com um **X** as opções corretas.

a) Os alimentos construtores são ricos em...

◯ vitaminas.　　◯ proteínas.　　◯ gorduras.

b) Os alimentos que contêm açúcares e gorduras em maior quantidade são os...

◯ construtores.　　◯ reguladores.　　◯ energéticos.

c) Os alimentos reguladores são ricos em...

◯ sais minerais e vitaminas.　　◯ açúcares e gorduras.　　◯ proteínas.

3 Responda às questões.

a) Traga para a classe o rótulo de uma embalagem de alimento consumido em sua casa e complete o quadro com as informações nutricionais contidas.

fibras	
proteínas	
carboidratos	
gorduras	

Os rótulos das embalagens informam quais são os principais constituintes dos alimentos, fornecendo a quantidade de carboidratos, gordura, proteínas e fibras que há em determinada quantidade. É o que chamamos de "informação nutricional".

b) Verifique também, com os colegas, as diferenças entre os prazos de validade contidos nas embalagens que vocês trouxeram para a classe. Anote a seguir o que você observar.

_____

_____

c) Observe as tabelas nutricionais das embalagens trazidas pelos colegas e discuta com eles quais os nutrientes mais comuns nos produtos industrializados.

_____

_____

Higiene alimentar

Uma boa alimentação não significa apenas comer alimentos variados. É preciso também tomar alguns cuidados na compra, no preparo e no modo de consumi-los. Veja alguns desses procedimentos de higiene alimentar:

- cozinhar bem alimentos como carnes e peixes;
- lavar cuidadosamente os alimentos que são ingeridos crus, como frutas e verduras;
- conservar os alimentos em lugares frescos, protegidos de poeira, insetos e outros animais;
- comer devagar, mastigando bem;

- dar preferência aos alimentos naturais (entre um refrigerante e um suco de frutas, fique com o suco!);
- evitar o excesso de doces;
- lavar as mãos antes das refeições;
- ao fazer a compra, verificar a data de validade dos produtos.

Pirâmide alimentar

É um esquema que mostra como os diferentes tipos de alimentos devem ser equilibrados em sua dieta para que a alimentação seja saudável.

Na base da pirâmide estão os alimentos que devem ser consumidos com frequência (cereais, pães, arroz e massas), enquanto no topo estão os que devem ser consumidos com moderação (gorduras, óleos e açúcares).

Ilustra Cartoon/Arquivo da editora

É necessário comer alimentos de todos os grupos. Porém, prefira alimentos como massas, arroz, grãos, pães, cereais; verduras e legumes; frutas; laticínios com pouca gordura; carne magra, frango e peixe. Os outros alimentos devem ser consumidos em pequenas quantidades.

Uma dieta saudável deve ser variada, moderada e balanceada, acompanhada de exercícios físicos e de muita água.

Atividades

1 Agrupe os alimentos relacionados no quadro conforme sua origem.

carne	cenoura	ovo	arroz	sal
abacate	leite	peixe	laranja	batata

a) Alimentos de origem mineral:

....

b) Alimentos de origem vegetal:

....

c) Alimentos de origem animal:

....

2 Quais são os procedimentos de higiene que devemos ter com cada alimento apresentado a seguir?

Carnes e peixes	Frutas e verduras	Doces
Africa Studio/Shutterstock/Glow Images mgfoto/Shutterstock/Glow Images	annata78/Shutterstock/Glow Images	Africa Studio/Shutterstock/Glow Images

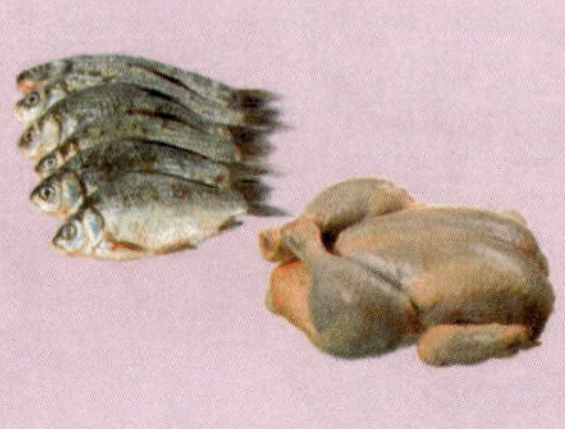

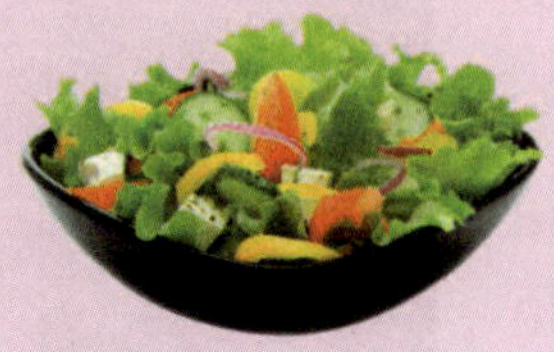

3 Acompanhe seus pais ou responsáveis no dia em que eles forem comprar alimentos. Com base no que você aprendeu neste capítulo, preste atenção nas escolhas deles e depois escreva um pequeno texto em seu caderno falando sobre a alimentação na sua casa.

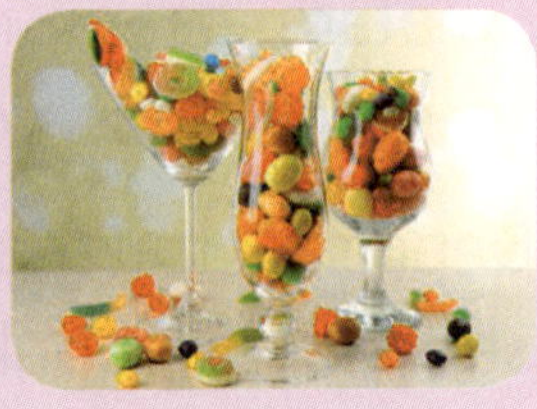

Capítulo 21 — O saneamento básico

Tratamento e distribuição de água, rede e tratamento de esgoto e coleta e tratamento de lixo são serviços necessários para que a população de um local viva bem e tenha saúde.

Chamamos esses cuidados de saneamento básico. Sem saneamento básico não há saúde.

O tratamento da água

A água, retirada de rios e lagos, contém microrganismos e impurezas que prejudicam nossa saúde. Por isso, nas grandes cidades, existem estações de tratamento de água.

Nessas estações, a água passa por um processo de purificação antes de chegar às torneiras de casas, hospitais, escolas e indústrias.

Ao chegar à estação de tratamento, a água é filtrada para depois receber cloro e outras substâncias químicas que matam os microrganismos causadores de doenças.

Depois de tratada, a água é distribuída à população da cidade por meio de canos. Entretanto, como esses canos também acumulam impurezas, é importante filtrar ou ferver a água antes de bebê-la.

Nos lugares em que não há estações de tratamento, a água precisa ser clorada ou fervida e filtrada.

Estação de tratamento de água em Porto Alegre (RS).

● A rede de esgotos

Os dejetos humanos (fezes, urina), os resíduos industriais e a água servida, isto é, que já foi utilizada, chegam até as águas de rios, lagos e mares em forma de esgoto.

O esgoto pode contaminar essas águas e o solo, causando doenças. Para evitar a contaminação, as grandes cidades possuem redes de esgoto. Em alguns lugares, o esgoto recolhido passa por uma estação de tratamento, para só depois ser lançado nos rios ou mares.

Em lugares onde não há rede de esgotos, devem ser construídas fossas para recolher os dejetos. Elas devem ficar em terrenos mais baixos e longe dos poços de água, para não contaminá-los.

Estação de tratamento de esgoto no Rio de Janeiro (RJ).

● A coleta do lixo

Quando deixado ao ar livre, o lixo não só polui como também atrai animais que transmitem doenças.

O serviço de coleta recolhe o lixo em caminhões especiais e o leva para depósitos ou estações de tratamento. Antes de ser recolhido, o lixo deve ser colocado em sacos plásticos ou em latas tampadas.

Locais para coleta de lixo reciclável

Nos lugares onde não há serviço de coleta, deve-se enterrar o lixo de forma adequada e longe das fontes de água.

Grande parte do lixo que é recolhido poderia ser reciclada ou reaproveitada. O papel, o vidro e o metal são reutilizados por muitas indústrias, que os transformam no mesmo produto de origem. A reciclagem contribui para a diminuição da poluição e da contaminação do ambiente, assim como para a economia de recursos naturais.

Para onde vai o lixo?

Você pode não saber, mas São Paulo, a maior cidade do país, não tem onde depositar o lixo de seus mais de 10 milhões de moradores. A metrópole está sem aterro próprio desde novembro de 2009. Atualmente, a prefeitura utiliza dois depósitos privados, nos municípios de Guarulhos e Caieiras, para descartar 12 mil toneladas diárias, gastando, por mês, R$ 6,6 milhões.

O último aterro em funcionamento, o São João, localizado em São Mateus, zona leste da cidade, possui uma montanha de 28 milhões de toneladas acumuladas ao longo de seus 17 anos de funcionamento.

LIXO

Atualmente, nos grandes centros urbanos, a geração de resíduos sólidos cresce mais do que a população. Cada paulistano produz 351,41 kg de lixo por ano, em média. Traduzindo: quem viver até os 70 anos terá descartado 25 toneladas de detritos. Número que poderia diminuir drasticamente se, das 18 mil toneladas recolhidas por dia, 35% dos materiais recicláveis realmente passassem por esse processo (hoje, menos de 1% é de fato reciclado). A negligência custa caro: em São Paulo, a despesa anual com limpeza urbana ultrapassa R$ 760 milhões.

COLETA

Na capital, 100% desse serviço é terceirizado. Em 2004, duas empresas venceram a concorrência pública que assegurou a concessão por 20 anos, no valor de R$ 9,8 bilhões.

TRANSBORDOS

São pontos de destinação intermediários criados em função da distância entre a área de coleta e o aterro sanitário. É onde fica o lixo descarregado dos caminhões compactadores e que depois segue adiante.

LIXÕES

Locais onde os resíduos sólidos são despejados diretamente no solo, sem medidas de proteção ao meio ambiente ou à saúde pública. Acarretam problemas como a proliferação de vetores de doenças (moscas, mosquitos, baratas e ratos) e a poluição do solo, de rios e lençóis freáticos pelo chorume (líquido produzido pela decomposição da matéria orgânica contida no lixo).

ATERROS SANITÁRIOS OU CONTROLADOS

Segundo a Associação Brasileira de Normas Técnicas (ABNT), um aterro sanitário é caracterizado pela disposição de resíduos sólidos urbanos no solo sem causar danos ou riscos à saúde pública, minimizando os impactos ambientais. Utilizam-se técnicas para confinar os resíduos e cobri-los com terra, camada por camada. Esses locais produzem biogás e chorume por até 20 anos, necessitando de constante manutenção.

INCINERADORES

Reduzem o volume de resíduos e destroem microrganismos encontrados principalmente no lixo hospitalar e industrial. Depois da queima, o material restante pode ser encaminhado para aterros sanitários ou reciclado. A incineração é uma boa alternativa, desde que dentro de um programa de cogeração de energia.

CATADORES

Nas ruas de São Paulo existem mais de 25 mil catadores de lixo reciclável.

Catador de lixo reciclável em São Paulo (SP), em 2013.

Disponível em: <planetasustentavel.abril.com.br/noticia/lixo/lixo-produzido-sao-paulo-aterro-proprio-destino-605432.shtml>. Acesso em: 27 nov. 2014. (Texto adaptado).

Atividades

1 Leia a notícia:

> De cada quatro sacos de lixo residencial coletados pelos serviços oficiais, um vai parar em local inadequado, segundo dados da Abrelpe (Associação Brasileira de Empresas de Limpeza Pública e Resíduos Especiais).
>
> Além dos lixões, vários aterros precários espalhados pelo estado contaminam o ambiente e são fonte de risco à saúde da população.
>
> Disponível em: <www1.folha.uol.com.br/fsp/cotidian/ff0311201001.htm>. Acesso em: 22 dez. 2014.

- O que você acha que poderia ser feito para que casos como esse não acontecessem?

_____

_____

_____

_____

2 Assinale **V** (verdadeiro) ou **F** (falso).

◯ Nas grandes cidades, não há necessidade de estações de tratamento de água.

◯ O esgoto recolhido pela rede de esgotos deve ser tratado e, só depois, lançado nos rios ou mares.

◯ Nos lugares onde não há serviços de coleta, o lixo deve ser enterrado.

◯ O lixo não polui a água nem o solo.

3 Faça uma pesquisa e responda: quais serviços de saneamento básico existem na cidade em que você mora e quais não existem?

_____

_____

_____

Capítulo 21 – O saneamento básico

4 Explique com suas palavras:

a) Como é feito o tratamento de água nas estações?

....

....

b) Por que o esgoto precisa ser tratado?

....

....

c) O que se deve fazer com o lixo antes de ele ser recolhido pelo serviço de coleta?

....

....

5 Leia o texto, pesquise o assunto e faça o que se pede.

> Em algumas cidades do Brasil, a reciclagem do lixo é feita com a ajuda da população. Para tanto, na hora de jogar o lixo, as pessoas separam os materiais que podem ser reaproveitados pelas indústrias. Depois, o serviço público faz a coleta seletiva, ou seja, recolhe o lixo separado e o encaminha para os locais de reciclagem.

Usina de reciclagem em São José dos Campos (SP), 2014.

a) No lugar onde você mora, existe coleta seletiva de lixo?

....

b) Escreva, numa folha avulsa, uma mensagem incentivando seus amigos a ajudar em uma campanha de coleta seletiva de lixo. Se quiser, também faça desenhos.

Capítulo 22 — As doenças

Não sentir disposição para estudar nem trabalhar ou realizar qualquer outro tipo de atividade pode ser um sinal de doença.

Algumas doenças são passageiras e não causam maiores danos. Outras, porém, podem ter consequências graves.

Grande parte das doenças é causada por microrganismos. Algumas bactérias, fungos, protozoários e vírus são os causadores de certas doenças, como a gripe, o sarampo, a caxumba, a catapora, a cólera e a Aids.

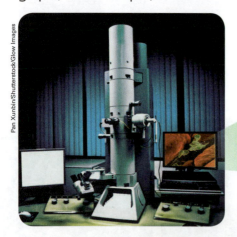

As estruturas verdes são protozoários (giárdias) vistos ao microscópio eletrônico (ampliados cerca de 800 vezes e coloridos artificialmente).

Outros seres vivos maiores, que podem ser vistos a olho nu, também provocam doenças. É o caso do piolho, do carrapato e dos vermes.

piolho sobre fios de cabelo (ampliado)

carrapato (ampliado)

Os seres vivos causadores de doenças são **parasitas**, pois vivem no corpo humano ou no corpo de outros animais, prejudicando-os, retirando deles o alimento de que necessitam para viver.

Ter boa alimentação e bons hábitos de higiene garante que o organismo crie defesas naturais — os anticorpos —, que evitam muitas doenças.

As vacinas também são importantes, pois aumentam as defesas do organismo contra determinadas doenças. A maior parte das vacinas é tomada na infância.

● Doenças causadas por microrganismos

Dengue

O microrganismo que causa essa doença é um vírus. Esse vírus é transmitido por um mosquito, o *Aedes aegypti*.

Ao picar uma pessoa com dengue, o mosquito pega o vírus. Depois, transmite-o para outras pessoas que forem picadas por ele.

Febre alta, dor de cabeça e no corpo, enjoos e <mark>erupção na pele</mark> são os sintomas da doença.

A dengue pode ser evitada se forem tomados alguns cuidados, como não deixar fora de casa latas e garrafas abertas, pneus velhos, vasos e outros recipientes que propiciem acúmulo de água limpa. A fêmea do mosquito deposita seus ovos em locais como esses.

Aedes aegypti, o mosquito transmissor da dengue.

A maioria dos criadouros do mosquito da dengue é doméstica. Por isso, devemos evitar ter em nossas casas objetos como os representados nas imagens, já que eles podem acumular água parada e limpa.

Cólera

O agente causador é uma bactéria chamada **vibrião colérico**. A doença é transmitida por meio da água ou de alimentos contaminados por esse vibrião.

A pessoa atingida pela cólera tem diarreia muito forte, dores abdominais e no corpo todo e fica desidratada rapidamente.

Cuidados para evitar a doença:

- beber água potável;
- evitar alimentos crus, principalmente peixe;
- lavar frutas, legumes e verduras e deixá-los, por algum tempo, de molho em água com cloro.

Vibrião da cólera

Leptospirose

É uma doença causada pela bactéria *Leptospira* e é transmitida ao ser humano pela urina dos ratos, ratazanas e camundongos.

Em tempos de muita chuva, a água das enchentes invade tocas de ratos e contamina a água de residências. Alimentos e água contaminados, se ingeridos, também transmitem a doença.

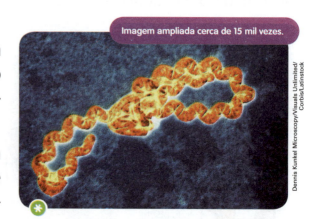

Leptospira, a bactéria causadora da leptospirose

Os sintomas da leptospirose são parecidos com os da gripe: dor de cabeça, dor muscular, febre e mal-estar. Nos casos mais graves podem aparecer sintomas como icterícia e manifestações hemorrágicas.

Alguns cuidados para prevenir a doença:

- permanecer o menor tempo possível em contato com águas de enchentes e, de preferência, proteger mãos e pés com luvas, botas ou sacos amarrados;
- se houver roedores no quintal ou mesmo dentro da residência, todos os alimentos devem ser guardados em recipientes fechados ou no refrigerador. É importante evitar deixá-los em local aberto.

Aids

Ela é causada por um vírus – o HIV – que destrói células de defesa do sangue, importantes na produção de anticorpos que protegem o organismo das pessoas.

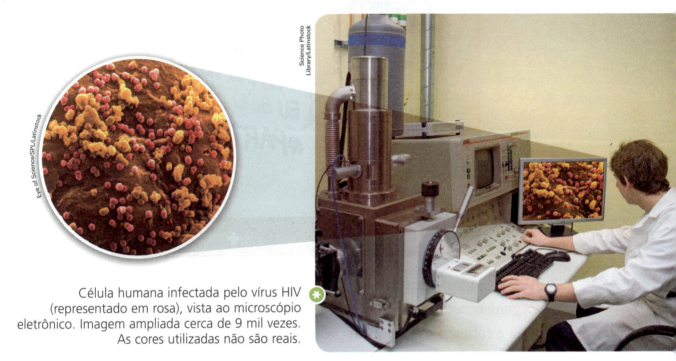

Célula humana infectada pelo vírus HIV (representado em rosa), vista ao microscópio eletrônico. Imagem ampliada cerca de 9 mil vezes. As cores utilizadas não são reais.

A doença pode ser adquirida numa relação sexual praticada sem preservativo (camisinha), se um dos parceiros estiver contaminado.

Pode-se também contrair Aids pelo uso de seringas ou agulhas contaminadas e por transfusão de sangue contaminado.

A mãe portadora do vírus pode transmiti-lo ao filho durante a gravidez.

São sintomas da doença: cansaço constante e emagrecimento rápido; falta de resistência a infecções, o que faz com que o doente contraia outras doenças graves.

Cuidados para evitar a doença:

- nas transfusões, usar somente sangue testado e aprovado;
- utilizar agulhas e seringas descartáveis;
- usar preservativo (camisinha) nas relações sexuais.

A Aids é uma doença muito grave. Apesar dos esforços dos pesquisadores, até o momento não foi encontrada uma vacina para evitá-la nem um remédio capaz de curá-la. O que se pode fazer, por ora, é prevenir-se contra a doença, tomando todos os cuidados necessários.

O que é Aids?

A Aids é causada por um vírus, o HIV. Esse vírus destrói as defesas naturais do organismo, enfraquece a pessoa e ela pode pegar outras doenças (como pneumonia e tuberculose). Só um profissional de saúde, por meio de um exame de sangue, pode dizer se a pessoa está ou não com o HIV.

Fique atento: uma pessoa com o HIV pode viver bem muitos anos – sem apresentar sinais ou doenças – mas, mesmo assim, pode passar o vírus para outras pessoas por meio de relações sexuais sem camisinha.

O teste da Aids

A Aids não tem cura, mas tem tratamento!

O tratamento é um direito da pessoa que vive com o HIV e é garantido pela Rede Pública de Saúde.

É importante saber quando se tem o vírus da Aids. Quanto mais cedo se começa o tratamento, maiores são as chances de manter a qualidade de vida. O teste é grátis e pode ser feito em alguns centros de saúde, hospitais e Centros de Testagem e Aconselhamento (CTAs).

Secretaria de Estado de Saúde do Rio de Janeiro. Programa Estadual DST – Aids. (Texto adaptado).

- Apesar dos avanços científicos, a Aids ainda não tem cura. Então, qual é a melhor maneira de combater essa doença? Converse com os colegas e o professor sobre o assunto e registre suas observações no caderno.

Atividades

1 O que é, o que é?

a) Doença causada pelo vibrião colérico. ....

b) Doença transmitida pela urina de roedores. ....

c) Doença transmitida por um mosquito. ....

2 Leia:

> O quadro [...] torna-se ainda mais sombrio com a quantidade de doentes de cólera e leptospirose, duas infecções típicas da falta de saneamento básico. O vibrião da cólera ataca principalmente os brasileiros que não dispõem de água tratada em casa – 15% das residências do país. A leptospirose, transmitida pela urina de ratos [...] emerge a cada temporada de chuva, quando, nas grandes cidades, bairros inteiros são inundados.
>
> Ecos da África, de Fabio Schivartche. Revista **Veja**. São Paulo: Abril, ano 33, n. 4, 26 jan. 2000. p. 119.

- Agora, responda: além dos cuidados pessoais, o que pode ser feito para evitar a cólera?

....

3 Muitas pessoas não sabem direito como se transmite a Aids. Faça uma pesquisa com cinco pessoas e, no caderno, escreva o que elas pensam sobre essa doença. Pergunte:

a) O que se deve fazer para evitar a Aids?

b) Como os doentes da Aids devem ser tratados?

● **Doenças causadas por vermes**

Os vermes parasitas do ser humano instalam-se principalmente nos intestinos e são os causadores das **verminoses**.

Se não forem tratadas, as pessoas afetadas por essas doenças ficam fracas, sem ânimo para estudar ou trabalhar.

Conheça a seguir algumas verminoses.

Ancilostomíase ou amarelão

O agente causador é o **ancilóstomo**, que se instala no intestino.

Adquire-se a doença quando os ovos desse verme, que ficam no solo, dão origem às larvas que penetram no corpo através da pele, principalmente da sola dos pés das pessoas que andam descalças.

A vítima do amarelão fica com anemia e com a pele amarelada.

Para evitar a doença, deve-se construir fossas e fazer campanhas de esclarecimento às pessoas que habitam as zonas rurais, para que não evacuem no solo e andem sempre calçadas.

Ancilóstomo, o causador da ancilostomíase

Ascaridíase

Áscaris ou **lombriga** é o nome do parasita que causa a ascaridíase. Quando adulto, o verme, que se instala no intestino humano, mede de 20 a 30 centímetros de comprimento e 0,5 centímetro de largura.

Os ovos de lombriga podem contaminar a água e também os alimentos que forem regados com ela. Ao beber água contaminada ou comer verduras mal lavadas, a pessoa ingere os ovos do verme.

A pessoa com áscaris sente dores de cabeça e fica enfraquecida. Nas crianças, é comum observar aumento do abdome.

Para evitar a doença, deve-se lavar as mãos e os alimentos que serão ingeridos crus, tomar água filtrada, clorada ou fervida.

Vermes causadores de ascaridíase

Esquistossomose ou barriga-d'água

O agente causador da doença é o **esquistossomo**, verme que se instala principalmente no fígado. A doença é adquirida quando as fezes de uma pessoa, contendo ovos do verme, são lançadas no solo ou na água. Desses ovos saem larvas que se instalam em alguns tipos de caramujo que vivem na água. Depois de se desenvolverem, as larvas saem dos caramujos e penetram na pele de pessoas que entram em contato com a água contaminada.

Os sintomas mais evidentes são diarreia e aumento do abdome.

Não defecar no solo ou na água e não tomar banho em águas que podem estar contaminadas são cuidados preventivos.

Oxiurose ou enterobíase

O **oxiúro**, agente causador dessa doença, penetra no organismo humano quando se bebe água ou se ingere alimentos contaminados com seus ovos, ou quando se coloca na boca mãos sujas de poeira contaminada.

A pessoa doente sente dores no abdome e coceira no ânus.

Para evitar a enterobíase, devem-se manter bons hábitos de higiene pessoal e lavar bem os alimentos.

Verme causador da enterobíase

Teníase

Tênia ou **solitária** é o nome do verme que se instala no intestino, causando a teníase.

Esse verme é transmitido ao ser humano por meio da carne de boi ou de porco malcozida.

A teníase causa diarreia, enjoo, fraqueza, insônia e emagrecimento. Para prevenir a doença, não se deve defecar no solo ou na água e é aconselhável cozinhar bem a carne antes de comê-la.

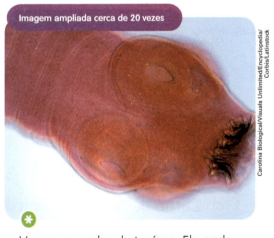

Verme causador da teníase. Ele pode chegar a 10 metros de comprimento.

1 Complete o quadro.

Verminoses	Cuidados para evitar as doenças
....	Andar calçado.
ascaridíase	....
....	Não defecar no solo, não tomar banho em água que pode estar contaminada.
oxiurose	....
....	Comer carne bem cozida.

2 Assinale com um **X** as opções corretas.

a) A ascaridíase é uma verminose causada...

○ pela lombriga.   ○ pela solitária.   ○ pelo oxiúro.

b) Uma pessoa descalça em solo contaminado pode adquirir...

○ oxiurose.   ○ amarelão.   ○ esquistossomose.

c) Carne de boi ou de porco malcozida pode transmitir...

○ teníase.   ○ esquistossomose.   ○ ascaridíase.

Capítulo 23 — Primeiros socorros

Quando menos se espera, pode ocorrer um acidente em casa, na escola, na rua, em qualquer lugar.

Às vezes, é necessário tomar medidas imediatas antes da chegada da ajuda médica.

Saiba como proceder nas ocorrências a seguir.

Sangramento

Se um corte na pele atingir um vaso sanguíneo, pode provocar a perda de uma grande quantidade de sangue. Quando isso acontece, deve-se colocar gaze ou pano limpo sobre o ferimento, pressionando-o com as mãos de modo a impedir a saída do sangue.

No sangramento nasal, deve-se sentar a pessoa um pouco inclinada para a frente, a fim de que o sangue não escorra para a garganta, e apertar suas narinas com as pontas dos dedos, por alguns minutos.

Se o sangramento não parar, será necessário procurar socorro médico.

Fratura

Quando uma pessoa sofre uma fratura, deve-se imobilizar o osso fraturado e removê-la até o hospital ou esperar a chegada de um médico.

Se a fratura for no braço ou na perna, deve-se imobilizar o osso quebrado com talas de madeira, fixando-as com tiras de pano. A tipoia deve ser usada para sustentar os membros superiores.

Nas fraturas de coluna vertebral, costelas, crânio, pescoço e bacia, a pessoa deve ficar imobilizada e só ser removida com assistência médica.

Queimadura

Nas queimaduras mais simples, deve-se apenas lavar o local com água fria.

Se a queimadura for grave, é necessário levar a vítima imediatamente ao médico.

Não se deve colocar manteiga, banha ou óleo nas queimaduras nem furar as bolhas, pois isso poderá piorar o ferimento e até mesmo provocar infecção.

Ferimento

Em casos de ferimento na pele, deve-se lavar o local afetado com água e sabão. Depois, deve-se aplicar água oxigenada e proteger o ferimento com gaze.

Nos ferimentos mais graves, como cortes profundos, a vítima precisa ser levada ao médico.

Choque elétrico

Para socorrer uma vítima de choque elétrico, é necessário, antes de mais nada, desligar a chave geral de eletricidade.

Se a pessoa estiver grudada ao fio elétrico, não se deve tocar nela, e sim afastá-la com um isolante qualquer, como um pedaço de madeira ou borracha. Nunca se deve tocar diretamente a pessoa, pois a corrente elétrica o atingirá também. Depois, deve-se afrouxar a roupa para que a pessoa possa respirar melhor e chamar um médico para socorrê-la.

● Picada de inseto e envenenamento

Quando uma pessoa é picada por um inseto, deve-se retirar o ferrão somente se ele estiver visível. Depois, deve-se lavar o local com água e sabão.

No caso de envenenamento por animais peçonhentos, plantas tóxicas ou produtos químicos, a vítima deve ser levada imediatamente ao pronto-socorro mais próximo.

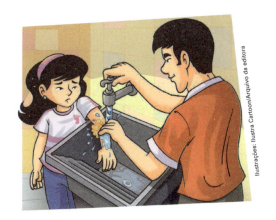

● Desmaio

Quando uma pessoa desmaia, a primeira providência é deitá-la e elevar um pouco suas pernas. Em seguida, deve-se desapertar sua roupa e umedecer-lhe o rosto com um pano molhado em água fria.

É importante também que a pessoa seja colocada em local arejado. Se ela não melhorar, é necessário chamar um médico.

Observação: tenha sempre em mente que as pessoas mais indicadas para prestar socorro são os adultos, e não as crianças. Em casos de emergência, tente avisar alguém mais velho, antes de tomar qualquer medida sozinho.

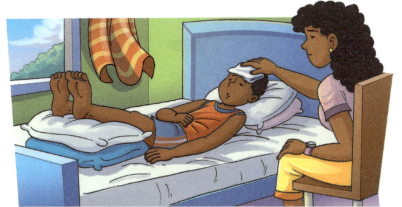

Saiba mais

Emergência!

Em caso de emergência, é possível pedir socorro por telefone. Pode-se chamar a polícia, discando 190; o pronto-socorro, 192; os bombeiros, 193.

Esses números valem para todo o país e podem ser chamados de qualquer localidade. As ligações são gratuitas.

Mas atenção: essas ligações só devem ser feitas em caso de necessidade. Lembre-se de que uma simples brincadeira pode impedir o salvamento de vidas.

1 Observe as ilustrações e escreva qual perigo a(s) criança(s) está(ão) correndo e quais devem ser os primeiros socorros prestados em cada caso de (possível) acidente.

Capítulo 23 – Primeiros socorros

2 Os acidentes podem ocorrer em qualquer lugar.

Escreva quais são, em sua opinião, os cuidados mais importantes para evitar acidentes:

a) em casa:

....
....
....

b) na escola:

....
....
....

c) na rua:

....
....
....

3 Com a orientação do professor, converse com os colegas e combinem uma demonstração prática de como prestar socorro a uma vítima de:

a) fratura no antebraço;

b) queimadura simples;

c) ferimentos na pele.

4 Com os colegas, faça uma pesquisa para descobrir quais são os acidentes domésticos mais comuns na região onde vocês moram. Para obter as informações, organizados em grupos, vocês podem entrevistar médicos, enfermeiros e funcionários de prontos-socorros. Tragam os resultados para a classe. Troquem ideias e tentem identificar as possíveis causas dos acidentes. Deem sugestões de como eles podem ser evitados.

Ideias em ação

Simulando os movimentos respiratórios

Inspira, expira, inspira, expira, inspira, expira… A respiração é um movimento tão automático que nem mesmo percebemos que estamos a todo momento respirando, não é mesmo? Aliás, deveríamos prestar mais atenção no ato de respirar, porque se não fosse por ele nem vivos estaríamos!

Material necessário

- 1 garrafa plástica transparente de 2 litros com tampa
- 2 balões pequenos (tamanho 0)
- 1 balão grande (tamanho 8)
- 2 canudos (um grosso e um fino)
- 1 prego
- massa de modelar
- fita adesiva
- barbante
- tesoura sem pontas

Procedimentos

1. Peça a um adulto que corte a garrafa plástica ao meio e fure a tampa com o prego. Somente a parte superior da garrafa será utilizada.
2. Corte o canudo fino em duas partes de aproximadamente 5 centímetros. Introduza as duas partes no canudo grosso e prenda com a fita adesiva.
3. Coloque os balões pequenos nas pontas dos canudos finos e prenda-os com a fita adesiva.

Cuidado com o prego! Peça ajuda a um adulto.

4. Insira o canudo grosso no furo da tampa pela parte de dentro da garrafa. Depois, vede-a com massa de modelar.

5. Com a tesoura, corte o bico do balão grande e use-o para fechar o fundo da garrafa. Amarre-o na garrafa com barbante e fixe-o com fita adesiva.

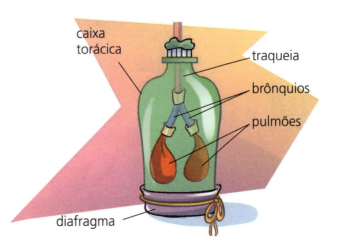

Observação e conclusão

Utilizando o aparelho construído, simule os movimentos respiratórios:

- Puxe o balão grande (diafragma) para baixo e observe. O que acontece? Que movimento respiratório é esse?

  ....

  ....

  ....

- Em seguida, solte o balão grande e observe. O que acontece? Que movimento respiratório é esse?

  ....

  ....

  ....

UNIDADE 4
Matéria e energia

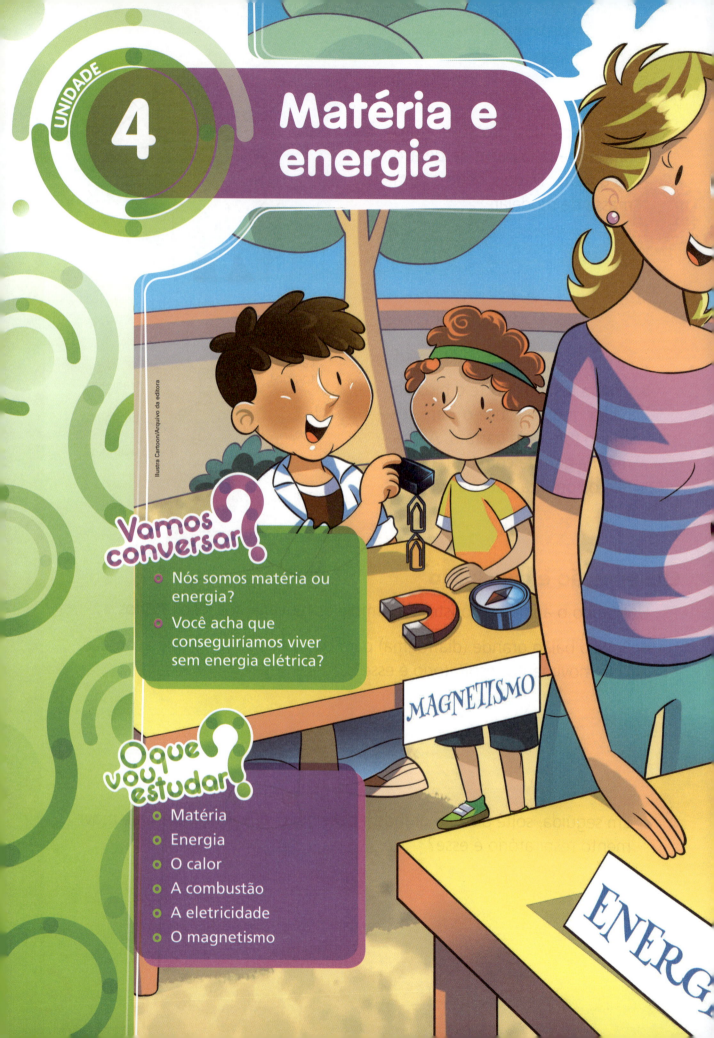

Vamos conversar?
- Nós somos matéria ou energia?
- Você acha que conseguiríamos viver sem energia elétrica?

O que vou estudar?
- Matéria
- Energia
- O calor
- A combustão
- A eletricidade
- O magnetismo

Capítulo 24 — Matéria

Será que você consegue colocar o caderno e o livro no mesmo espaço ao mesmo tempo?

Tudo aquilo que ocupa lugar no espaço é formado por matéria. Os planetas, as estrelas, as plantas, o solo, a água, o ar e os animais são exemplos de corpos formados por matéria.

Como você deve ter notado, o caderno e o livro – objetos formados por matéria – não podem ocupar o mesmo espaço ao mesmo tempo.

Matéria é tudo o que tem massa e ocupa lugar no espaço. A matéria inclui os materiais que formam o Universo: as rochas, a água, o ar e todas as coisas vivas. Tudo o que é sólido, líquido ou gasoso é uma forma de matéria.

A Terra e os estados físicos da matéria

A matéria que compõe os corpos é feita de uma ou mais substâncias.

O gelo, por exemplo, é feito da substância água. As substâncias que formam os corpos podem ser encontradas em três estados físicos: **sólido**, **líquido** e **gasoso**.

A matéria no estado sólido tem forma e volume definidos.

A matéria no estado líquido não tem forma definida. Ela toma a forma do recipiente em que está contida.

A matéria no estado gasoso não tem forma nem volume definidos. Assim, pode tomar a forma do recipiente em que está contida ou se dispersar no ambiente.

A madeira do brinquedo está no estado sólido.

O azeite e o vinagre das jarras estão no estado líquido.

O gás que enche os balões é matéria no estado gasoso.

A transformação da matéria

O ser humano, de acordo com suas necessidades, foi percebendo que com o uso de energia certos objetos podiam sofrer modificações e formar outros tipos de materiais.

Por exemplo, com o calor do forno, transformamos um conjunto de materiais (ingredientes), como farinha, óleo e açúcar, em bolo.

Outros exemplos:

- o latão, que é formado pela mistura de dois metais: o cobre e o zinco.

cobre

zinco

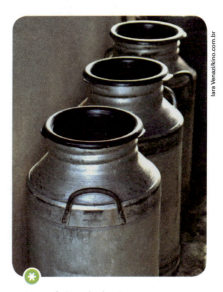
Jarra feita de latão

- a moeda, que é formada pela mistura de ferro e carbono (carvão puro), entre outros elementos.

Pensando, pesquisando e experimentando, o ser humano aprendeu a produzir novos tipos de materiais.

A partir da madeira, por exemplo, produzimos papel. A partir do ferro, temos o aço. E há matérias-primas, como o petróleo, que são a base para muitos produtos: o plástico é um deles.

papel

plástico

aço

Propriedades da matéria

Tudo aquilo que é formado por matéria possui algumas características e propriedades em comum.

Observe este famoso jogador de futebol:

Jogador Lionel Messi, prestes a fazer uma cobrança de pênalti, em Barcelona, 2012.

Na imagem acima, a bola está parada e só entrará em movimento a partir do momento que uma força agir sobre ela; no caso, quando for impulsionada pelo jogador que a chutará. A partir disso, a bola entrará em movimento e demorará algum tempo até parar de novo.

Da mesma forma, depois de chutada, a bola vai se movimentar até que outra força a faça parar.

> Qualquer corpo, esteja em repouso ou em movimento, tende a permanecer da forma como está: se está parado, tende a ficar sem se movimentar; se está em movimento, só para ou muda de direção se uma força agir sobre ele. Essa característica da matéria se chama **inércia**.

Imagine esta outra situação: é mais fácil empurrar um armário cheio, com 40 kg de massa, ou um armário vazio, de 20 kg?

É claro que empurrar um armário vazio, com massa menor, é mais fácil, porque é necessário empregar menos força para tirá-lo do repouso. Podemos definir, assim, que massa é a medida da inércia de um corpo: quanto menor sua massa, menor será sua inércia.

Como você já viu, toda matéria ocupa um lugar no espaço. Essa característica recebe o nome de **extensão**. Seu corpo, por exemplo, tem a extensão do espaço que você ocupa.

O volume mede a extensão de um corpo. Veja:

O espaço da estante foi totalmente preenchido pelos livros.

Você já sabe que tudo o que é formado por matéria tem a propriedade de atrair e ser atraído por outros corpos formados por matéria. Quanto maior a massa de um corpo, maior será sua força gravitacional.

A Terra possui uma força gravitacional muito grande, capaz de atrair e manter outros corpos em sua superfície. Por isso, quando soltamos uma bola no ar, ela cai no chão, ao invés de sair flutuando. A força com que cada corpo é puxado para baixo é chamada de **peso**. Sem a gravidade, os corpos não teriam peso. Quanto maior a massa de um objeto, maior o seu peso.

Substâncias puras e misturas

Os materiais (que são feitos de matéria) têm características próprias. Aqueles que possuem sempre as mesmas características, como a água pura, são chamados de **substâncias puras**. Já outros materiais são **misturas**, pois são formados por duas ou mais substâncias. A água dos rios, que contém diversas substâncias, é um exemplo de mistura.

Atividades

1 Quanto mais um corpo resiste a mudar sua condição de repouso ou de movimento, maior é sua inércia. Em qual dos objetos abaixo a inércia é maior? Por quê?

◯ bola de chumbo

◯ balão de festa

....

2 Você já observou que podemos perceber a inércia em praticamente tudo o que fazemos? Responda: por que é importante usar o cinto de segurança?

....
....
....

3 Classifique os materiais a seguir em mistura ou substância pura.

| ar | sal | ferro | solo |

Mistura	Substância pura

Capítulo 24 – Matéria

Capítulo 25 — Energia

É difícil definir energia, pois ela não pode ser vista nem tocada. Sabemos de sua existência pelos seus efeitos, seu poder de ação.

A energia possibilita o fornecimento de calor ou movimento. Os físicos a definem como a capacidade de realizar trabalho. Tudo o que acontece no mundo depende de energia. Para lançar um foguete, mover um carro ou para nos movimentar e brincar, por exemplo, é necessário energia.

A energia de que o ser humano precisa vem basicamente da alimentação.

A energia de que o foguete precisa para ser lançado vem de seu motor.

Matéria e energia compõem tudo o que conhecemos no Universo.

Tipos de energia

Existem muitas formas de energia: a energia luminosa e a térmica são alguns exemplos.

Antigamente, o ser humano contava com poucas fontes de energia: a energia mecânica, obtida a partir da tração animal, e a energia do Sol são alguns exemplos.

Com o passar do tempo, ele percebeu que havia na natureza outras formas de energia que podiam ser modificadas para facilitar a realização das tarefas e deixar a vida mais confortável.

O ser humano foi, então, aprendendo a transformar a energia dos ventos (**eólica**), da água (**hidrelétrica**) e do Sol (**solar**) para obter luz, calor e produzir movimento. A força da água e do vento pode se converter em energia **elétrica**.

Energia eólica (a movimentação das hélices do moinho de vento gera energia elétrica).

Hidrelétrica (aproveitamento da força da água para gerar energia elétrica).

A energia elétrica é transformada em energia luminosa para manter as lâmpadas da cidade acesas durante a noite.

O ser humano também aprendeu a transformar um tipo de energia em outro utilizando equipamentos por ele inventados.

Energia química

Você já sabe que nosso corpo retira dos alimentos a energia necessária para realizar suas funções. A energia contida nos alimentos é obtida por meio de reações químicas, ou seja, transformações de um tipo de matéria em outro. A esse tipo de energia chamamos de **energia química**.

Atividades

1 Existem muitos tipos de energia. Escreva o tipo de energia que está sendo usado em cada cena.

Energia ....

Energia ....

Energia ....

Energia ....

2 Converse com os colegas sobre a seguinte questão:

o Por que necessitamos de energia para viver? De onde vem a energia de que necessitamos para brincar, estudar, fazer exercícios? Escreva abaixo suas conclusões.

....

....

....

....

....

....

3 Complete:

o Edson anda de *skate* na praça. Ele gasta a .... que seu corpo absorveu dos .... que ele comeu.

Capítulo 26 — O calor

O calor, assim como a água, é necessário para a manutenção da vida. Ele é uma forma de energia, responsável pelo aquecimento ou resfriamento dos corpos. Quando um corpo ganha calor, esquenta; quando perde calor, esfria.

O Sol é a mais importante fonte natural de calor de nosso planeta. Sem ele, não haveria vida na Terra.

Os objetos expostos ao sol se aquecem porque estão recebendo calor.

Existem materiais que se aquecem com mais rapidez, como o ferro, o alumínio, o cobre e o zinco. Eles são chamados **bons condutores de calor**.

Os materiais que demoram mais para se aquecer, como a madeira, o vidro, o isopor, o plástico e a cortiça, são considerados **maus condutores de calor**.

Efeitos do calor

O calor provoca alguns efeitos nos corpos:

- **Variação de temperatura** – a temperatura é a medida do estado de aquecimento de um corpo. Podemos medir a temperatura por meio de um aparelho chamado termômetro.

- **Mudança de estado** – o calor muda o estado físico dos corpos. Por exemplo: sob alta temperatura, a água passa do estado líquido para o gasoso.

- **Dilatação** – há corpos que, sob a ação do calor, dilatam-se, isto é, aumentam de volume, passando a ocupar um espaço maior.

Quando o álcool colorido, que está dentro do termômetro, esquenta, ele dilata e sobe pelo vidro, indicando a temperatura do ambiente.

Atividades

1 Complete as frases com as palavras do quadro.

> estado   aquecimento   dilatar   calor   sólido   espaço

a) Em decorrência da variação de ...., a água na natureza passa de um .... físico para outro, formando as nuvens, as chuvas, a neve, a geada e o granizo.

b) Com o ...., os corpos dilatam-se, ocupando mais ....

c) Os trilhos de uma estrada de ferro estão no estado .... Por isso, eles têm entre si um espaço para poder se .... quando aquecidos pelo calor do Sol.

2 Se colocarmos leite quente em um copo de vidro e em uma caneca de alumínio, qual dos dois recipientes aquecerá mais rápido? Por quê?

....

....

3 Observe as cenas e responda.

Seu Juca fez um ensopado de legumes em uma panela de alumínio com cabo de madeira.

○ Por que Seu Juca consegue pegar a panela sem se queimar?

....

....

4 Por que usamos cobertores quando sentimos frio?

....

....

Capítulo 27 — A combustão

Há milhares de anos, o ser humano percebeu que, esfregando uma pedra contra outra, provocava o aparecimento de faíscas que queimavam coisas à sua volta. Provavelmente, foi assim que descobriu um modo de produzir fogo.

Antes dessa descoberta, as pessoas só conheciam o fogo pelos incêndios causados por raios que caíam sobre as florestas.

Com o tempo, foram sendo descobertos outros materiais capazes de produzir fogo.

O fogo é o resultado de uma **combustão** que é um fenômeno que ocorre quando um corpo queima produzindo calor e, por vezes, luz.

Para que haja combustão, são necessários três elementos: **combustível**, **comburente** e **calor inicial**.

- **Combustível**: é a substância que queima.

Os combustíveis podem ser:

– **sólidos**: madeira, palha, papel;
– **líquidos**: álcool, gasolina, querosene;
– **gasosos**: gás de cozinha e outros gases.

A madeira é combustível.

- **Comburente**: é a substância que alimenta a combustão. O oxigênio do ar é um comburente natural. Sem ele, não há queima.

Observe a foto.

A vela se apaga quando o oxigênio dentro do copo acaba.

- **Calor inicial**: é o calor necessário para iniciar a combustão. Exemplos: faísca, ignição de motores.

Em nosso dia a dia, a combustão é utilizada de várias maneiras: no cozimento de alimentos; em motores de automóveis, pela combustão de gasolina, óleo *diesel* ou álcool; nas máquinas a vapor; nos fornos de indústrias; e em tantas outras situações.

Os combustíveis como o álcool, a gasolina, o querosene e o gás de cozinha pegam fogo com facilidade e podem até explodir. Por isso, são chamados **combustíveis inflamáveis**.

Em relação à combustão, é preciso ter muito cuidado. Veja algumas dicas:

Símbolo que indica a presença de substâncias inflamáveis.

- Cuidar para que os combustíveis fiquem guardados em locais seguros, protegidos do fogo.
- Nunca acender fósforos perto de álcool, gasolina ou outro combustível.
- Ficar atento ao gás usado em casa. Ao menor sinal de vazamento, chamar a atenção de um adulto para providenciar conserto imediato.
- Não brincar com fogos de artifício nem soltar balões.

Atividades

1) Marque com um **X** os quadrinhos que indicam atitudes importantes para evitar acidentes com a combustão.

○ Sílvia guardou uma garrafa de álcool no armário da cozinha, próximo ao fogão.

○ Ana guarda o álcool em uma prateleira alta, dentro do armário.

○ André soltou balão na festa de São João.

○ Carlito nunca acende fósforos perto de combustíveis.

○ Sandra esqueceu de fechar a válvula do gás do fogão.

2) Classifique os combustíveis de acordo com a legenda.

(1) **sólido**   (2) **líquido**   (3) **gasoso**

○ querosene   ○ madeira   ○ gasolina

○ álcool   ○ papel   ○ gás de cozinha

3) Responda:

a) O que é combustão?

....

....

b) O que é necessário para haver combustão?

....

c) Por que o comburente é necessário?

....

d) A substância que queima se chama ....

e) Para iniciar a combustão é necessário .... inicial.

Capítulo 27 – A combustão

O biocombustível

Você já ouviu falar em combustíveis fósseis? São substâncias de origem mineral originadas pela decomposição de resíduos orgânicos, como plantas e animais. Como essa decomposição pode levar milhões de anos, os combustíveis fósseis, como o petróleo, o carvão mineral e o gás natural, não são renováveis, ou seja, em algum momento podem acabar.

O uso dos combustíveis fósseis costuma causar impactos negativos no meio ambiente, pois geram muita poluição atmosférica. Mesmo assim, de acordo com dados da Agência Internacional de Energia (AIE), hoje, cerca de 87% de todo o combustível produzido no mundo é de origem fóssil.

Nesse sentido, o Brasil está numa posição privilegiada, já que possui fontes de energias renováveis, como o bioetanol e o *biodiesel*. O etanol provém da cana-de-açúcar, e o *biodiesel* provém, principalmente, da soja, do milho, do dendê e da mamona.

Esses combustíveis têm um impacto bastante reduzido no aquecimento global e nas mudanças climáticas, sendo chamados de **biocombustíveis**.

Mas nem tudo são flores...

Alguns estudiosos apontam os pontos negativos do uso dos biocombustíveis. Os principais são:

- Escassez e aumento no preço dos alimentos: as áreas de florestas e de terras agrícolas estão sendo destinadas ao plantio de cana-de-açúcar e de soja, reduzindo a área para cultivo de alimentos.

- Desmatamento: nosso país vem sendo acusado, pela comunidade internacional, de desmatar centenas de hectares de florestas para essa finalidade, o que de modo geral provoca perda da biodiversidade e alterações no ecossistema.

Ainda não há conclusões definitivas sobre os biocombustíveis. O que sabemos é que o Brasil tem potencial para exportar grandes quantidades de bioetanol e de *biodiesel*. Mas para isso, será fundamental que adote políticas adequadas de expansão de forma sustentável.

Atividades

1 Responda:

a) O que são biocombustíveis?

....
....
....

b) Por que os biocombustíveis são importantes para a energia mundial?

....
....
....

c) Quais são os aspectos negativos dos biocombustíveis?

....
....
....

d) Qual é a importância do Brasil na produção de biocombustíveis?

....
....
....

2 Marque com um **X** apenas as respostas corretas.
Quais vegetais são utilizados nos biocombustíveis?

- ○ arroz
- ○ milho
- ○ dendê
- ○ feijão
- ○ soja
- ○ carambola
- ○ cana-de-açúcar
- ○ jabuticaba
- ○ mamona
- ○ trigo
- ○ açaí
- ○ cenoura

3 Será que os biocombustíveis resolvem o problema do aquecimento global? Discuta em sala, com os colegas e o professor, considerando o máximo de pontos positivos e negativos para chegarem a uma conclusão.

Capítulo 28 — A eletricidade

OED

A energia elétrica é uma forma de energia. Podemos observá-la em fenômenos que ocorrem no solo, no ar, nos vegetais, em nosso corpo e no de outros animais.

Antigamente, apenas se conhecia a eletricidade dos raios, que são descargas elétricas ocorridas na natureza.

Com o passar do tempo, foram sendo descobertas inúmeras maneiras de usar a energia elétrica. Atualmente, essa forma de energia é praticamente indispensável à vida cotidiana da maioria das pessoas. Com ela produzimos som, luz, calor e movimento.

Pense em quantas coisas costumam ficar ligadas ao mesmo tempo na sua casa: televisão, rádio, celular, secador de cabelo, geladeira e *videogame* são alguns exemplos. Agora, imagine quanta energia é necessária para que as pessoas do mundo todo possam usá-la.

Por meio de fios, a eletricidade chega até nossa casa.

De onde vem toda essa energia? Vamos descobrir.

Usinas geradoras de energia elétrica

Com o aumento da demanda por energia, o ser humano descobriu formas de gerá-la em larga escala e de forma rentável, por meio das **usinas geradoras**. As mais comuns são as hidrelétricas e as termelétricas, mas há também as nucleares.

Nas **usinas hidrelétricas** é produzida grande parte da energia elétrica que consumimos. Elas utilizam a força do movimento da água para gerar energia elétrica.

Usina hidrelétrica de Itaipu, no rio Paraná, entre o Brasil e o Paraguai.

Nas **usinas termelétricas**, produz-se energia elétrica por meio do calor. A queima de combustíveis (como carvão, petróleo, *diesel* e gás natural) é usada para o aquecimento da água. Então, a força do vapor move as turbinas gerando energia elétrica. As termelétricas podem ser construídas próximo aos locais de consumo.

Os pontos negativos dessa forma de produção são o enorme volume de água necessário à geração do vapor e a poluição que emana do sistema gerador, proveniente da queima do combustível. Além disso, o combustível possui um alto preço e, dependendo de qual for o combustível, pode gerar grandes impactos ambientais, como poluição do ar, aquecimento das águas, impacto da construção de estradas para levar o combustível até a usina, entre outros.

Nas **usinas nucleares**, a produção de energia elétrica é proveniente de materiais radioativos, usados como combustíveis. O urânio é o elemento mais comum. Esse material é colocado em barras dentro dos reatores da usina. O calor gerado pela fissão nuclear move um alternador que produz a energia elétrica.

Ilustra Cartoon/Arquivo da editora

Um dos grandes problemas desse tipo de usina é a geração do lixo nuclear. Esse lixo deve ser manipulado, transportado e armazenado seguindo todas as normas de segurança.

Se não forem tomadas todas as medidas de segurança, essas usinas podem ser muito perigosas, pois a radiação é capaz de contaminar seriamente o ambiente, provocando doenças muito graves e até a morte.

O Brasil possui duas usinas nucleares em atividade, Angra I e Angra II, situadas no município de Angra dos Reis (estado do Rio de Janeiro), e as obras da construção de Angra III foram retomadas.

Atividades

1 Pesquise e cite uma vantagem e uma desvantagem de uma usina hidrelétrica.

....

....

....

○ Agora faça o mesmo pensando em uma termelétrica.

....

....

....

2 Por que as usinas nucleares podem ser tão perigosas?

....

....

....

3 Assinale **V** (verdadeiro) ou **F** (falso) nas afirmações sobre a usina nuclear.

◯ Deve seguir rígidas normas de segurança.

◯ O Brasil não possui usinas nucleares na atualidade.

◯ Precisa de um alto volume de água.

◯ Trabalha com material radioativo.

4 Você tem notícias de algum caso recente no Brasil relacionado com problemas ambientais gerados por usinas hidrelétricas, termelétricas ou nucleares? Pesquise, conte aos colegas e escreva um resumo em seu caderno.

O tema é...
Fontes renováveis de energia

No Brasil, a maior parte da energia elétrica que chega às nossas casas é gerada pelas usinas hidrelétricas. Como o país tem uma grande área territorial, a energia gerada por essas usinas tende a abastecer o país todo. E para um país grande, nada melhor que uma grande usina, que atenda o território todo, certo? Mais ou menos...

A construção de uma grande usina também implica grandes problemas ambientais. O caso mais recente e que vem gerando muita discussão é a construção da usina de Belo Monte, localizada no rio Xingu, no estado do Pará.

Imagem do rio Xingu, no Pará, onde a usina de Belo Monte está sendo construída.

A usina deve fornecer eletricidade para 60 milhões de pessoas quando entrar em operação. Belo Monte, por esse ponto de vista, é uma necessidade. Mas para alguns é uma atrocidade, já que seu reservatório (uma espécie de lago e que é primordial para o funcionamento da usina) vai alagar uma área na Amazônia equivalente a 1/3 da cidade de São Paulo, além de causar outros desequilíbrios ambientais.

SUPERINTERESSANTE. Disponível em: <http://super.abril.com.br/ecologia/quais-sao-vantagens-desvantagens-belo-monte-667389.shtml>. Acesso em: 13 mar. 2015.

- Será que existem outras formas de geração de energia que sejam menos agressivas para o meio ambiente e para a população que vive nas áreas onde essas usinas são instaladas?

Energia limpa e que vem da natureza

A **energia eólica** (energia dos ventos) e a **energia solar** são dois tipos de energia que podem ser convertidos em energia elétrica. Elas precisam de determinados equipamentos (em geral muito caros) para serem geradas. Só que esses equipamentos causam menos impacto ambiental que uma usina hidrelétrica, que precisa de um grande lago artificial para funcionar.

Essas soluções são utilizadas na geração de energia em pequenas e médias áreas, e são tão eficientes quanto uma usina hidrelétrica. A energia solar ainda pode ser captada em residências por meio de equipamentos específicos, e ser utilizada para aquecer a água do chuveiro, por exemplo.

Usina de energia solar em Sevilha, na Espanha, e parque gerador de energia eólica em Ventos do Sul, Osório, no Rio Grande do Sul.

Como funciona a energia eólica

- Procure mais informações sobre as espécies de plantas e animais que fazem parte da área que foi alagada para a construção da usina de Belo Monte. Foi tomada alguma providência para que essas espécies tenham sido preservadas? Discuta com os colegas sobre a construção dessa usina.
- Em grupos, pesquisem se a energia solar e a energia eólica são soluções viáveis para o Brasil. Debatam a respeito.
- Dividam-se em dois grupos: um vai pesquisar uma iniciativa bem-sucedida de geração de energia solar e o outro, de geração de energia eólica, ambas no Brasil. Levem em consideração as vantagens e desvantagens desses tipos de geração de energia. Depois, organizem uma apresentação para a turma ou para outras turmas do colégio.

● Pequenos geradores de energia

Em nosso dia a dia, precisamos de pequenos geradores de energia, principalmente para podermos utilizar aparelhos que requerem energia elétrica sem que precisem estar ligados a uma tomada.

As **pilhas** e as **baterias** são geradores muito usados em aparelhos que necessitam de pequenas quantidades de energia, como brinquedos, calculadoras, celulares, rádios, *notebooks*, entre outros. Elas contêm substâncias químicas que, ao reagirem, produzem a energia elétrica.

Mas o descarte incorreto dessas fontes de energia pode causar grandes danos ao meio ambiente, já que pilhas e baterias possuem em sua composição muitos metais pesados que são perigosos à saúde humana, podendo causar até câncer.

Quando não há cuidado com o destino final desses materiais, eles podem sofrer deformações em sua camada externa e derramar o líquido tóxico na natureza. A contaminação pode envolver, além do solo, o lençol freático, prejudicando a agricultura, a água dos rios e, portanto, a nossa própria vida.

Por causa dos problemas que geram, as pilhas descartáveis (que só podem ser usadas uma vez) têm sido substituídas por pilhas recarregáveis. Para recarregá-las, basta ter um carregador de pilhas ligado a uma tomada comum. As baterias também são recarregáveis. Quando você liga o carregador do celular na tomada, por exemplo, está recarregando a bateria que fica dentro dele. Dessa forma, gera-se menos lixo e o consumidor economiza.

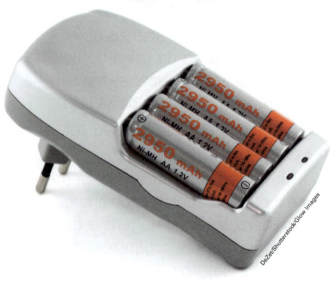

✱ Atenção: o carregador de pilhas não recarrega pilhas descartáveis, apenas as recarregáveis.

Existem diversos pontos de coleta de pilhas e baterias, que dão destinação correta ao material; outra alternativa é reenviá-las aos fabricantes.

Saiba mais

Energia produzida por atrito

Atrito é o ato de esfregar dois corpos um no outro. Alguns materiais, como a seda, a lã e o plástico, ao serem atritados (friccionados um contra o outro), ficam eletrizados, isto é, carregados de energia elétrica.

Observe, na foto, como o pente plástico atrai os papeizinhos. Isso ocorre porque o plástico fica eletrizado quando o esfregamos nos fios de cabelo (secos).

1 Assinale com um **X** as afirmativas corretas.

◯ Aparelhos que precisam de pequenas quantidades de energia elétrica usam pilha ou bateria.

◯ O uso contínuo e exagerado de aparelhos como celulares e *notebooks* não causa danos à saúde.

◯ A energia elétrica é invisível.

◯ Pilhas e baterias devem ser colocadas no saco de lixo para serem recolhidas com seu lixo domiciliar.

2 Qual é a grande vantagem das pilhas e baterias?

....

....

3 Liste alguns aparelhos portáteis que você conhece que usam pilhas e baterias.

....

....

....

4 Que problemas as pilhas e as baterias podem provocar se forem descartadas como lixo comum? Por quê?

....

....

• Como deve ser feito o descarte correto desses geradores de energia?

....

....

Capítulo 28 – A eletricidade

● Como se transporta a eletricidade

Como você já viu, a energia elétrica produzida nas usinas chega até as casas, escolas, fábricas e hospitais por meio de fios elétricos.

Pequenas partículas chamadas **elétrons** se movimentam dentro dos fios, formando a **corrente elétrica**.

Alguns materiais, como os metais, conduzem a corrente elétrica com facilidade. São, por isso, considerados bons condutores elétricos. Outros, como a borracha e o plástico, dificultam a passagem da corrente. São os chamados **materiais isolantes**.

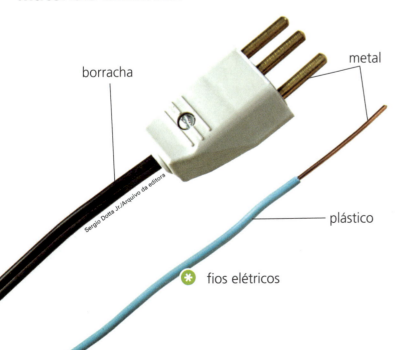

● fios elétricos

Os fios que transportam a corrente elétrica são feitos de alguns desses materiais: por dentro, são de metal, para facilitar a passagem da corrente; por fora, de borracha ou plástico, para evitar choques elétricos.

Circuito elétrico

Para que os aparelhos funcionem, a corrente elétrica deve percorrer, dentro dos fios, um caminho fechado, sem interrupções. Esse caminho se chama **circuito elétrico**.

Quando o interruptor é desligado, a luz se apaga porque o circuito elétrico é interrompido, ou seja, fica aberto, impedindo a passagem da corrente elétrica.

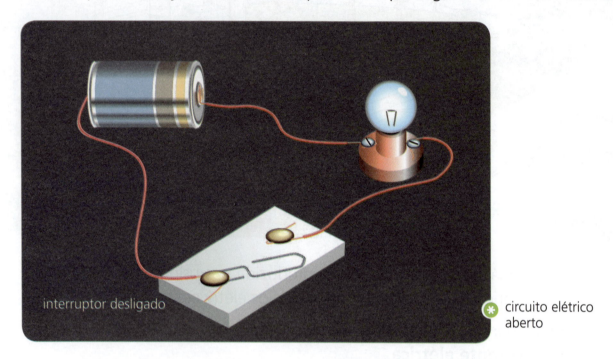

interruptor desligado

circuito elétrico aberto

Quando o interruptor é ligado, a luz se acende porque o circuito fica fechado, permitindo a passagem da corrente elétrica.

circuito elétrico fechado

interruptor ligado

Curto-circuito

O circuito elétrico pode ser interrompido por um curto-circuito. Isso ocorre quando dois fios desencapados se tocam, produzindo faíscas que podem até provocar incêndios.

Também pode ocorrer curto-circuito quando a intensidade da corrente elétrica é muito grande para o fio que a conduz, ou quando vários aparelhos são ligados em uma mesma tomada. Nesses casos, o fio esquenta, derretendo a proteção plástica à sua volta. Desencapados, os fios tocam-se, provocando o curto-circuito.

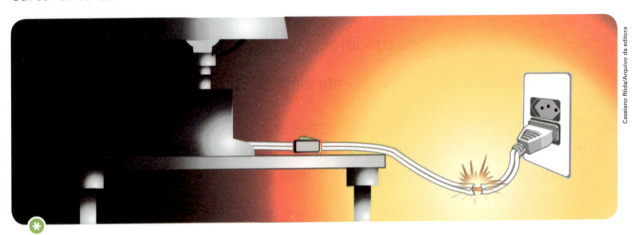

Esquema representando curto-circuito

● Cuidados com a energia elétrica

Se a energia elétrica não for usada com os cuidados necessários, ela pode causar acidentes sérios. Veja, no quadro, alguns cuidados importantes que devem ser tomados.

- Não colocar os dedos ou objetos metálicos (pregos, alfinetes, clipes, entre outros) nas tomadas.
- Não empinar pipas perto da rede elétrica.
- Não ligar aparelhos elétricos quando estiver sem sapatos ou com as mãos molhadas.
- Desligar a chave geral das instalações elétricas sempre que for necessário fazer consertos.
- Trocar os fios velhos e desencapados por fios novos.
- Não deixar ligados os aparelhos elétricos que não estiverem sendo utilizados.

Atividades

1 Assinale **V** (verdadeiro) ou **F** (falso).

◯ A energia elétrica chega às nossas casas por meio de fios elétricos.

◯ A parte de dentro dos fios elétricos é feita de plástico.

◯ Os elétrons se movimentam dentro dos fios formando a corrente elétrica.

◯ Os metais são bons condutores de corrente elétrica.

◯ A borracha conduz a corrente elétrica com facilidade.

2 Os acidentes que mais ocorrem com a energia elétrica são os choques elétricos e os curtos-circuitos. Você já sofreu ou sabe de alguém que tenha sofrido algum desses acidentes? Escreva aqui o que aconteceu e o porquê. Depois, conte à classe.

....

....

....

....

3 Faça uma ilustração e escreva uma mensagem sobre como prevenir acidentes envolvendo energia elétrica.

Capítulo 28 – A eletricidade

Capítulo 29 — O magnetismo

Observando a natureza, o ser humano acabou descobrindo uma pedra que atraía o ferro. Como essa pedra foi encontrada pela primeira vez na cidade de Magnésia, localizada no continente asiático, recebeu o nome de **magnetita**.

A magnetita é um ímã natural, pois é um minério encontrado nas rochas. Ímã é um corpo que atrai o ferro e alguns outros metais específicos. Esse poder de atração é chamado **magnetismo**.

O ímã também pode ser produzido. Nesse caso, é chamado ímã artificial e pode ser obtido pelo atrito do ímã natural com alguns metais.

Como você pode ver na foto, o prego, em atrito com um ímã natural, tornou-se um ímã artificial, atraindo os pregos, que são objetos leves de metal.

Os materiais atraídos pelo ímã são chamados de **ferromagnéticos**. Eles também podem se comportar como um ímã, atraindo outros materiais ferromagnéticos.

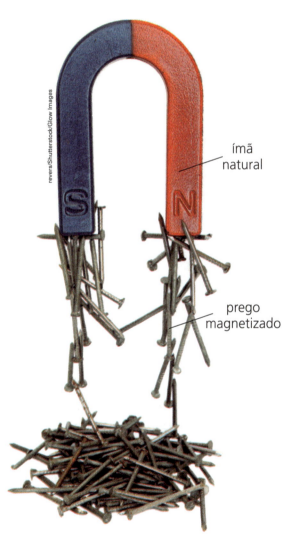

ímã natural

prego magnetizado

Portanto, existem dois tipos de ímãs:

- ímã permanente: quando o magnetismo do material se conserva por tempo indefinido. É o caso do próprio ímã em formato de ferradura.
- ímã temporário: quando o magnetismo do material permanece apenas durante algum tempo. É o que ocorre quando um prego está em contato com um ímã, por exemplo. Enquanto durar o contato, o prego será um ímã temporário.

● Os polos do ímã

Quando aproximamos um ímã de pequenos objetos de ferro ou aço, percebemos que sua força de atração é maior nas extremidades. Essas extremidades são os polos do ímã, chamados **polo norte** e **polo sul**.

Quando os polos opostos de dois ímãs ficam próximos, eles se atraem. Veja:

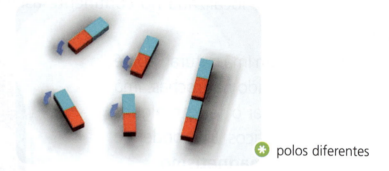

* polos diferentes

Quando dois polos iguais de dois ímãs ficam próximos, eles se repelem. Observe a figura:

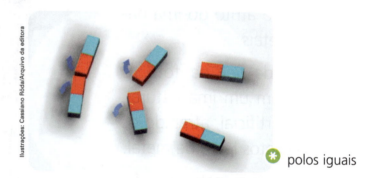

* polos iguais

Se um ímã for quebrado em dois pedaços, cada um deles se comportará como um ímã completo, ou seja, com polos norte e sul.

Ímãs

- Quando um ímã é aquecido, perde sua força de atração.
- Não se deve aproximar um ímã de um relógio ou de uma tela de televisão, pois ele pode danificar esses objetos.
- A magnetita é a única substância natural fortemente magnética que se conhece e foi usada para fazer a primeira bússola.

O magnetismo da Terra

Todo ímã possui uma área na qual seu poder de atração pode ser percebido. Essa área se chama **campo magnético**.

Nosso planeta possui um campo magnético, como se houvesse um ímã dentro da própria Terra.

Você já deve conhecer a bússola, instrumento de orientação usado por navegadores e pilotos de avião. Ela tem uma agulha imantada apontando sempre para o norte. O funcionamento da bússola baseia-se no magnetismo terrestre: é o campo magnético da Terra que atrai a agulha, fazendo-a indicar sempre a mesma direção.

bússola

Eletricidade e magnetismo

Existe um tipo de ímã, chamado eletroímã, que é muito usado na fabricação de motores elétricos, telefones, rádios, televisores, campainhas, brinquedos, entre outros objetos.

O eletroímã é constituído de uma barra de ferro enrolada por fios ligados a uma fonte elétrica. Quando a corrente elétrica passa pelos fios condutores, a barra de ferro ganha magnetismo.

Veja na foto como o prego, ligado aos polos da pilha, está atraindo pedacinhos de ferro.

Desligada a corrente elétrica, o prego perde essa capacidade de atração.

eletroímã

Atividades

1 Em grupos, reúnam sobre uma mesa os objetos indicados na tabela. Consigam um ímã e aproximem-no de cada objeto, um por vez. Verifiquem quais são os que ele atrai e marquem no quadro.

Objeto testado	Não foi atraído	Foi atraído
rolha		
moeda		
plástico		
alfinete		
grampo de cabelo		
papel		

- Agora complete a frase:

    O ímã atraiu os seguintes objetos: ...., ...
    e .... Isso aconteceu porque eles são
    feitos de ....

2 Responda:

a) Qual é nome da pedra considerada um ímã natural? E o nome do efeito de atração entre essa pedra e materiais ferromagnéticos?

....

....

Capítulo 29 – O magnetismo

b) Explique, com suas palavras, qual é a diferença entre ímã permanente e ímã temporário.

....

....

....

3 Responda:

a) Quando dois ímãs se atraem?

....

....

b) Quando dois ímãs se repelem?

....

....

4 Danilo ganhou de presente dois carrinhos. Ele prendeu um ímã no teto de cada um, de forma que o polo norte de cada ímã ficasse na parte da frente. Depois, Danilo empurrou os carrinhos na direção um do outro.

○ O que você acha que aconteceu? Por quê?

....

....

5 O campo magnético de um ímã é:

◯ todo o ímã.

◯ a área onde o poder de atração do ímã pode ser percebido.

6 Escreva, da forma como você entendeu, o que é um eletroímã e para que serve.

....

....

....

Ideias em ação

Abajur de lava

Você já viu um abajur de lava? Dentro dele podemos ver dois líquidos (um deles é a água) que não se misturam. Isso acontece porque o líquido colorido, que forma bolhas, é uma substância menos pesada do que a água, e é isso que dá esse efeito ao abajur de lava.

A proposta desta atividade é construir um objeto com efeito semelhante ao dos abajures de lava.

Material necessário

- 1 frasco de vidro incolor (garrafa ou vidro de conserva, por exemplo)
- 1 colher
- óleo vegetal
- corante utilizado para colorir alimentos
- água
- sal

Procedimentos

1. Coloque água até a metade do frasco. Em seguida acrescente quatro colheres de óleo na água e aguarde.

2. Quando o óleo parar de formar bolhas, pingue algumas gotas de corante.

3. Coloque sal no vidro, aos poucos. Você pode colocar o quanto quiser de sal.

Construindo um abajur de lava, de Paula Loredo.
Disponível em: <http://educador.brasilescola.com/estrategias-ensino/construindo-um-abajur-lava.htm>. Acesso em: 13 mar. 2015.

Observação e conclusão

- O que você observou após despejar o óleo na água?

....
....

- O que você observou após despejar o sal na solução?

....
....
....
....

Livros

A criação do mundo e outras lendas da Amazônia
Vera do Val. São Paulo: WMF Martins Fontes, 2008.

Qual é a origem do mundo, da noite, das estrelas, da Lua, dos rios? As lendas traduzem o modo de pensar de povos indígenas da Amazônia sobre essas indagações que sempre povoaram a mente humana.

Caça ao tesouro: uma viagem ecológica
Liliana Iacocca. São Paulo: Ática, 2010.

Alexandre e seus amigos atravessam florestas, pântanos, rios e oceanos em busca de um tesouro que é maior do que podiam imaginar. Para isso, eles contam com a ajuda do professor Procópio, um cientista que constrói uma máquina capaz de percorrer grandes distâncias em poucos segundos.

Manual do defensor do planeta
João Alegria e Rodrigo Medeiros. Rio de Janeiro: Casa da Palavra, 2010.

O menino Theo deixa a cidade grande, Rio de Janeiro, para morar com seu pai e avós em Ouro Preto, interior de Minas Gerais. A mudança traz novidades às quais ele precisa se adaptar. A experiência o leva a escrever um manual para as crianças a fim de que possam ajudá-lo na tarefa de manter a Terra e seus recursos.

Natureza e poluição
Brigitte Labbé e Michael Puech. São Paulo: Scipione, 2007.

Natureza e poluição não combinam. Então, como evitar a poluição e garantir um ambiente saudável? A partir da ideia de que o homem modifica a natureza para facilitar sua vida, as diversas situações apresentadas e os comentários auxiliam o leitor a refletir sobre como se relacionar com o meio ambiente.

No rastro dos caçadores
Sean Taylor. São Paulo: Ática, 2010.

Anthony, um menino inglês, vem passar as férias numa fazenda do Pantanal. Faz amizade com Pedrinho, que lhe mostra a fazenda e o leva até seu esconderijo, uma pequena praia de rio numa clareira. Os meninos descobrem que há caçadores na fazenda; estes matam os animais para vender as peles. Com a ajuda dos jacarés, desmontam o esquema criminoso.

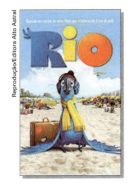

Rio: o livro do filme
Jodi Huelin. Bauru: Alto Astral, 2011.

Linda e sua ararinha-azul domesticada, Blu, viajam para a distante cidade do Rio de Janeiro. Blu deve encontrar Jade, a única ave fêmea de sua espécie. Mas as duas aves são capturadas por contrabandistas de animais. Com a ajuda de uma turma de amigos, Blu consegue escapar dos contrabandistas, aprender a voar e voltar para Linda. Tempos depois, Blu e Jade tornam-se pais de bebês de ararinha-azul.

Uma aventura no campo
Luiz Eduardo Ricon. São Paulo: Moderna, 2009.

História em quadrinhos cujos personagens, Rique e Carol, descobrem muitas coisas a respeito do campo e da natureza. Andando, brincando e cavalgando, aprendem com o avô o modo de viver de quem mora no campo, as espécies vegetais e animais que ali se encontram, o equilíbrio que deve existir entre os seres.

Sites@

Instituto Akatu

Esta página apresenta informações sobre o consumo consciente com diversos vídeos, dicas, testes e notícias.

Universidade das Crianças
<www.ufmg.br/universidadedascriancas>

Visite o *site* do projeto Universidade das Crianças e leia ou ouça as respostas que pesquisadores da Universidade de Minas Gerais (UFMG) deram para as perguntas elaboradas por crianças sobre diversos assuntos da área de Ciências. Algumas dessas explicações estão disponíveis também no formato de divertidas animações.

@ *Sites* acessados em: 7 dez. 2014.

Sugestões para o aluno

Glossário

Adubos orgânicos (p. 42):

fertilizantes do solo feitos de restos de alimentos, folhas secas, partes de vegetais mortos e serragem.

Código genético (p. 83):

informações contidas nas células dos organismos vivos, que determinam suas características (no caso do ser humano, por exemplo, determinam a cor dos olhos e da pele) e o funcionamento do corpo.

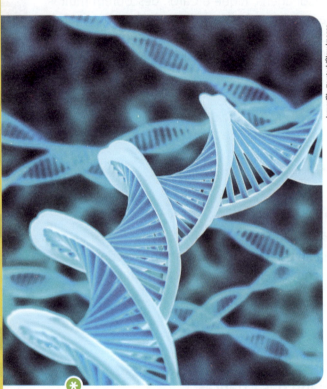

O código genético fica armazenado nos genes, presentes nas cadeias de DNA.

Compatibilidade (p. 110):

capacidade apresentada por dois grupos sanguíneos de se unirem e funcionarem em conjunto.

Contratura (p. 90):

contração.

Deglutição (p. 94):

ato ou efeito de engolir.

Drenado (p. 42):

que tem o excesso de água retirado.

Ecossistema (p. 167):

sistema que inclui os seres vivos e o ambiente.

Erupção na pele (p. 137):

aparecimento de manchas ou rompimento.

Estiramento (p. 90):

distensão, isto é, repuxo ou deslocamento de um tecido.

Estratosfera (p. 31):

camada da atmosfera que contém ozônio, um gás que absorve os prejudiciais raios ultravioleta do Sol.

Fissão nuclear (p. 170):

reação nuclear espontânea ou provocada, em que um núcleo atômico, geralmente pesado, se divide em duas partes, liberando grande quantidade de energia.

Hectare (p. 167):

unidade de medida para superfícies agrárias correspondente a cem ares ou um hectômetro quadrado (10 000 m^2) [símbolo: ha].

Icterícia (p. 138):

manchas amareladas na pele.

Interações climáticas (p. 32):

ação de troca entre dois ou mais elementos. Nesse caso, entre a Terra e o espaço.

Irrigado (p. 42):

que é regado artificialmente por meio de canais ou canos distribuídos pelo terreno.

Materiais radioativos (p. 170):

materiais que emitem raios invisíveis, que podem ser muito prejudiciais à saúde.

* O plutônio é um material radioativo.

Nutrientes (p. 42):

materiais de que se compõem os alimentos.

Reator (p. 170):

dispositivo em que ocorre uma reação química, em geral com grandes quantidades de substâncias.

Reflexos (p. 97):

atividades involuntárias de um órgão, como reação a um estímulo recebido. Por exemplo, retirar a mão imediatamente ao sentir uma picada.

Rentável (p. 169):

que produz rendimento, ganho financeiro.

Resíduos (p. 112):

restos, detritos.

Suprir (p. 123):

completar o que falta.

Torção (p. 90):

deslocamento.

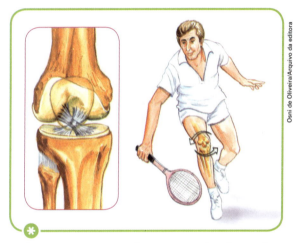

* Em uma torção, os ligamentos são alongados.

Bibliografia

ALENCAR, E. S. de (Org.). *Novas contribuições da psicologia aos processos de ensino e aprendizagem*. 4. ed. São Paulo: Cortez, 2001.

ANTUNES, C. *Jogos para a estimulação das múltiplas inteligências*. 12. ed. Petrópolis: Vozes, 2003.

ARMSTRONG, A.; CASEMENT, C. *A criança e a máquina*: como os computadores colocam a educação de nossos filhos em risco. Porto Alegre: Artmed, 2001.

ARRIBAS, T. L. *Educação infantil*: desenvolvimento, currículo e organização escolar. 5. ed. Porto Alegre: Artmed, 2004.

BARBOSA, L. M. S. *Temas transversais*: como utilizá-los na prática educativa. Curitiba: IBPEX, 2007.

BARCELOS, V. *Octávio Paz – da ecologia global à educação ambiental na escola*. Lisboa: Instituto Piaget, 2007.

BRANCO, S. M. *Viagem ao redor do Sol*. 2. ed. São Paulo: Moderna, 2003.

BRASIL. Ministério da Educação. *Ensino Fundamental de nove anos*: Orientações para a Inclusão da Criança de Seis Anos de Idade. Brasília: MEC/SEB/FNDE, 2006.

BRASIL. Ministério da Educação. *Pró-letramento*: programa de formação continuada de professores das séries iniciais do ensino fundamental. Brasília: MEC/SEB/FNDE, 2006.

_____. Secretaria de Educação Fundamental. *Parâmetros curriculares nacionais*: ciências naturais, meio ambiente e saúde. Brasília: MEC/SEF, 1997.

_____. Secretaria de Educação Fundamental. *Parâmetros curriculares nacionais*: temas transversais – apresentação, ética, pluralidade cultural, orientação sexual. Brasília: MEC/SEF, 1997.

_____. Secretaria de Educação Fundamental. *Referencial curricular nacional para educação infantil*. Brasília, 1998.

CALLENBACH, E. *Ecologia*: um guia de bolso. São Paulo: Peirópolis, 2001.

CANIATO, R. *Com Ciência na Educação*. Campinas: Papirus, 2003.

CAPRA, F. et al. *Alfabetização ecológica*: a educação das crianças para um mundo sustentável. São Paulo: Cultrix, 2006.

CARVALHO, F. C. A. *Tecnologias que educam*. São Paulo: Pearson, 2010.

CIÊNCIA HOJE NA ESCOLA. Rio de Janeiro: SBPC/Ciência Hoje, 2000.

CIÊNCIA VIVA. *A construção do conhecimento*. São Paulo: Meca, 2001.

COELHO, M. I. M.; COSTA, A. E. B. (Col.). *A educação e a formação humana*. Porto Alegre: Artmed, 2009.

CUNHA, N. H. S. *Criar para brincar*: a sucata como recurso pedagógico. São Paulo: Aquariana, 2005.

DELIZOICOV, D.; ANGOTTI, J. *A metodologia do ensino de ciências*. São Paulo: Cortez, 1990.

DEVRIES, R. et al. *O currículo construtivista na educação infantil*: práticas e atividades. Porto Alegre: Artmed, 2004.

DOW, K.; DOWNING, T. E. *O atlas da mudança climática*. São Paulo: Publifolha, 2007.

EINZIG, M. J. (Ed.). *Manual de primeiros socorros às emergências infantis*. São Paulo: Martins Fontes, 1995.

ESTEBAN, M. T. *O que sabe quem erra? Reflexões sobre avaliação e fracasso escolar*. 4. ed. Rio de Janeiro: DP&A, 2006.

FAZENDA, I. C. A. *Didática e interdisciplinaridade*. Campinas: Papirus, 2010.

GADOTTI, M. *Pedagogia da terra*. São Paulo: Peirópolis, 2000.

GARDNER, H. *Inteligências múltiplas*: a teoria na prática. Porto Alegre: Artmed, 1995.

GOULART, I. B. *Piaget*: experiências básicas para utilização pelo professor. Petrópolis: Vozes, 2003.

GREIG, P. *A criança e seu desenho*: o nascimento da arte e da escrita. Porto Alegre: Artmed, 2004.

GUIMARÃES, M. *A formação de educadores ambientais*. Campinas: Papirus, 2004.

GUZZO, V. *A formação do sujeito autônomo*: uma proposta da escola cidadã. Caxias do Sul: Educs, 2004.

HOFFMANN, J. *Avaliar para promover*: as setas do caminho. Porto Alegre: Mediação, 2009.

KOHL, M. F. *Iniciação à arte para crianças pequenas*. Porto Alegre: Artmed, 2005.

KRAEMER, L. *Quando brincar é aprender*. São Paulo: Loyola, 2007.

LEGAN, L. *A escola sustentável*: eco-alfabetizando pelo ambiente. São Paulo: Imesp; Pirenópolis: Ecocentro/Ipec, 2007.

LUCKESI, C. C. *Avaliação da aprendizagem escolar*: estudos e proposições. 18. ed. São Paulo: Cortez, 2006.

MARZANO, R. J.; PICKERING, D. J.; POLLOCK, J. E. *O ensino que funciona*: estratégias baseadas em evidências para melhorar o desempenho dos alunos. Porto Alegre: Artmed, 2008.

MINOZZO, E. L.; ÁVILA, E. P. de. *Escola segura*: prevenção de acidentes e primeiros socorros. Porto Alegre: AGE, 2006.

MOYLES, J. R. et al. *A excelência do brincar*. Porto Alegre: Artmed, 2006.

OLIVEIRA, Z. R. de. *Educação Infantil*: fundamentos e métodos. São Paulo: Cortez, 2002.

PANIAGUA, G.; PALACIOS, J. *Educação infantil*: resposta educativa à diversidade. Porto Alegre: Artmed, 2007.

PERRENOUD, P. et al. *A escola de A a Z*: 26 maneiras de repensar a educação. Porto Alegre: Artmed, 2005.

REIGOTA, M. (Org.). *Verde cotidiano*: o meio ambiente em discussão. 2. ed. Rio de Janeiro: DP&A, 2001.

REVISTA NOVA ESCOLA. São Paulo: Abril.

ROEGIERS, X. *Aprendizagem integrada*: situações do cotidiano escolar. Porto Alegre: Artmed, 2006.

SÁNCHES, P. A.; MARTÍNEZ, M. R.; PEÑAVER, I. V. A. *Psicomotricidade na Educação Infantil*. Porto Alegre: Artmed, 2003.

SANCHO, J. M. et. al.*Tecnologias para transformar a educação*. Porto Alegre: Artmed, 2006.

SCHILLER, P; ROSSANO, J. *Ensinar e aprender brincando*: mais de 750 atividades para Educação Infantil. Porto Alegre: Artmed, 2008.

SILVA, J. F. da; HOFFMANN, J.; ESTEBAN, M. T. (Org.). *Práticas avaliativas e aprendizagens significativas*. Porto Alegre: Mediação, 2003.

VILLAS BOAS, B. M. de F. *Virando a escola do avesso por meio da avaliação*. Campinas: Papirus, 2008.

Planetário

Dicas importantes

- Durante as atividades práticas, esteja sempre atento.
- Acompanhe e siga corretamente as etapas de cada experiência.
- Não guarde dúvidas. Pergunte tudo o que você não tiver entendido.
- Tome bastante cuidado durante as experiências e ao manusear o material. Não tente fazer sozinho uma atividade que deve ser feita com a ajuda de um adulto.
- Anote tudo que achar importante e, quando estiver observando alguma planta ou inseto, faça desenhos simples para poder pesquisá-los mais tarde.

Material necessário

- 2 bolas de isopor (1 grande e 1 pequena);
- retângulo de isopor com 30 cm de comprimento e 5 cm de largura;
- quadrado de isopor com 15 cm de lado;
- 2 pregos;
- 1 lanterna;
- caderno ou livro.

Não brinque com os pregos. Peça sempre ajuda a um adulto!

Procedimento

1. Posicione a ponta do retângulo de isopor sobre o centro do quadrado. Com a ajuda de um adulto, fixe aí a bola de isopor maior, que representa a Terra, usando um prego. Na outra ponta do retângulo, prenda, com o outro prego, a bola menor, que representa a Lua.

2. Verifique se há mobilidade – o retângulo deve poder girar na base, para que a Lua possa girar em torno da Terra.

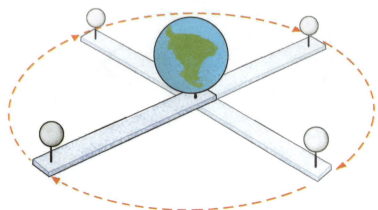

○ Agora, vamos entender como funcionam as fases da Lua e os eclipses?

Fases da Lua

1. Em uma sala escura, ilumine o planetário com a lanterna. Ela representa o Sol.

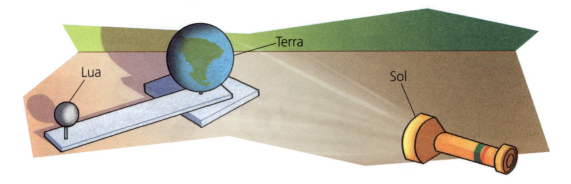

2. Agora, gire a Lua em torno da Terra. As diferentes posições representam as fases da Lua, vistas por um observador na Terra.

Eclipses

1. Utilizando um caderno ou livro, incline ligeiramente todo o planetário.

2. Para simular um eclipse solar, posicione a Lua de forma que ela faça uma sombra na Terra.

3. Para simular um eclipse lunar, posicione a Lua de forma que ela fique inteiramente na sombra da Terra.

Disponível em: <www.mamutemidia.com.br/galeria/satelites/SSS_linux.htm>.
Acesso em: 20 fev. 2015. Texto adaptado.

Brincando na Lua

Material necessário

- farinha de trigo;
- purpurina;
- bacia;
- bolinhas de gude.

Procedimento

1. Coloque um pouco de farinha e de purpurina na bacia e misture bem. Não é preciso encher todo o recipiente.
2. Agite a mistura, dando pequenas batidas na borda da bacia para deixar a superfície bem lisa.
3. Coloque a bacia no chão e jogue nela as bolinhas de gude.
4. Depois, com cuidado, retire todas as bolinhas.

Observação

- Como ficou a superfície da bacia? Você acha que a superfície da Lua é parecida com ela?

....
....
....
....

Clipe voador

Material necessário

- tesoura sem ponta;
- papel;
- fita adesiva;
- barbante;
- clipe;
- ímã.

Procedimento

1. Amarre o clipe no barbante.
2. Prenda o barbante com a fita adesiva na mesa.
3. Ponha o ímã perto do clipe. Observe.

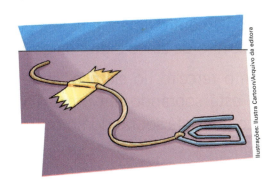

4. Em seguida, coloque um pedaço de papel entre o clipe e o ímã. E agora, o que ocorreu?

Observação e conclusão

- O que aconteceu?

....

....

....

- Por que você acha que isso aconteceu?

....

....

Improvisando uma pilha

Material necessário

- 3 pedaços de fio elétrico com as pontas desencapadas;
- 2 pedacinhos de cobre;
- 2 pedacinhos de zinco;
- 2 limões;
- tesoura sem ponta;
- fita isolante.

Procedimento

1. Com o auxílio de um adulto, espete, em cada um dos limões, um pedacinho de cobre e um de zinco, de modo que, dentro do limão, eles não se toquem.

2. Enrole a ponta do fio no pedacinho de cobre de um limão. No outro limão, enrole a ponta de outro fio no pedacinho de zinco e prenda-as com fita isolante.

3. Com o terceiro fio elétrico, ligue o pedaço de cobre que está sobrando em um limão com o pedaço de zinco que está sobrando no outro (passe também fita isolante).

4. Escolha um aparelho que precise de pilha (rádio, calculadora, entre outros). Com a fita isolante, prenda no polo positivo do aparelho o fio que está ligado ao pedaço de cobre de um dos limões. No polo negativo, prenda o fio que está ligado ao pedaço de zinco do outro limão. Em seguida, ligue o aparelho.

Observação e conclusão

- Anote o que aconteceu ao ligar o aparelho.

....
....
....
....

Material de apoio

5º ANO

Caderno de criatividade e alegria

editora Scipione

Gonzalo/Shutterstock/Glow Images

Os sistemas do corpo humano

Recorte todos os quadros e monte-os para formar um livrinho dos sistemas do corpo humano. Você poderá consultá-lo sempre que precisar.

Os sistemas do corpo humano

Parte integrante da COLEÇÃO MARCHA CRIANÇA – CIÊNCIAS – 5º ano. Editora Scipione. Não pode ser vendida separadamente.

Album/akg-images/Cameraphoto/Latinstock

Sistema nervoso

Transmite informações vindas de dentro e de fora do corpo para o encéfalo, que interpreta essas informações e responde aos estímulos com diversas ações.

2

---

dobra

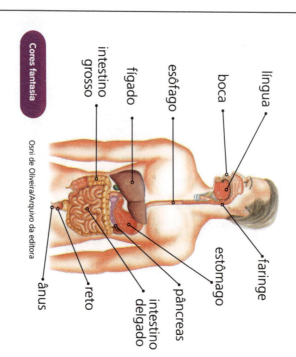

língua
boca
esôfago
fígado
intestino grosso

faringe
estômago
pâncreas
intestino delgado
reto
ânus

Cores fantasia

Osni de Oliveira/Arquivo da editora

15

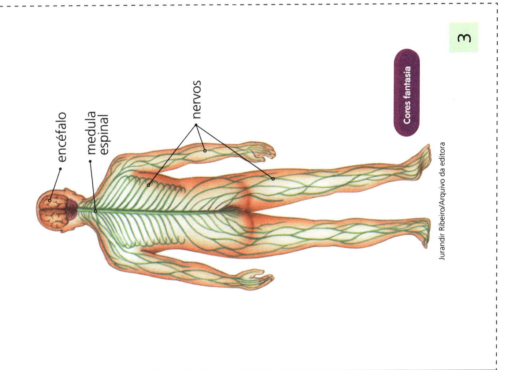

Cores fantasia

3

Sistema digestório

Transforma o alimento ingerido em substâncias pequenas o suficiente para serem transportadas pelo sangue para todo o corpo.

14

Sistema cardiovascular

O coração bombeia o sangue, que, por meio de vasos sanguíneos (artérias e veias), transporta substâncias vitais para o corpo inteiro.

4

---

dobra

Cores fantasia

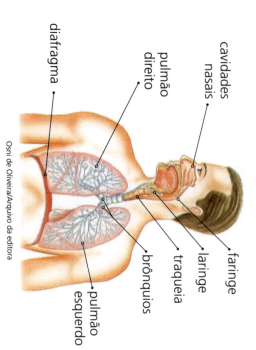

- cavidades nasais
- faringe
- laringe
- traqueia
- brônquios
- pulmão esquerdo
- pulmão direito
- diafragma

Osni de Oliveira/Arquivo da editora

13

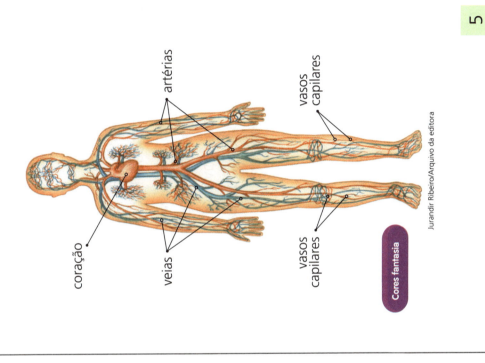

coração
artérias
veias
vasos capilares
vasos capilares

Cores fantasia

Jurandir Ribeiro/Arquivo da editora

5

Sistema respiratório

O ar inspirado pelas fossas nasais penetra na traqueia e nos brônquios e vai até os pulmões. O sangue que circula nos pulmões absorve o oxigênio do ar e elimina o gás carbônico, que é liberado pela expiração.

12

Sistema genital

Tanto o sistema genital do homem como o da mulher têm uma função específica: possibilitar a reprodução. Os órgãos sexuais masculinos produzem os espermatozoides, que, dentro do corpo da mulher, poderão fecundar o óvulo produzido pelo ovário e liberado no útero. Havendo fecundação, um bebê se desenvolverá no útero.

6

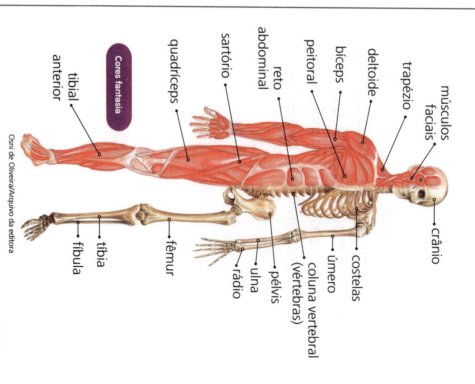

Cores fantasia

- músculos faciais
- trapézio
- deltoide
- bíceps
- peitoral
- reto abdominal
- sartório
- quadríceps
- tibial anterior
- crânio
- costelas
- úmero
- coluna vertebral (vértebras)
- ulna
- rádio
- pélvis
- fêmur
- tíbia
- fíbula

Osni de Oliveira/Arquivo da editora

dobra

11

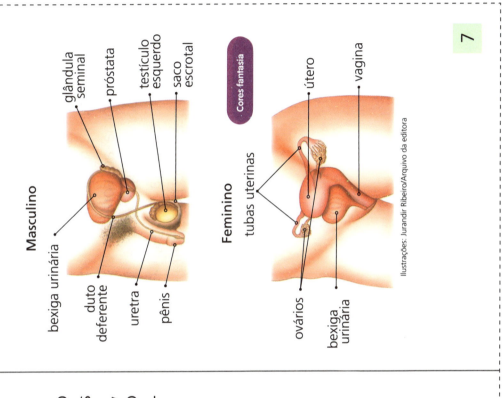

Masculino

- bexiga urinária
- duto deferente
- uretra
- pênis
- glândula seminal
- próstata
- testículo esquerdo
- saco escrotal

Cores fantasia

Feminino

- tubas uterinas
- ovários
- bexiga urinária
- útero
- vagina

Ilustrações: Jurandir Ribeiro/Arquivo da editora

7

Sistema locomotor

É formado pelos ossos, que dão suporte e proteção ao corpo, e pelos músculos, que são presos aos ossos, mantendo-os no lugar e permitindo que sejam movimentados quando necessário.

10

Sistema urinário

É formado pelos rins, uretra, ureteres e bexiga. Nos rins, o sangue é filtrado e, então, retorna ao coração. Os resíduos vão compor a urina, que é conduzida pelos ureteres até a bexiga, de onde é eliminada passando pela uretra.

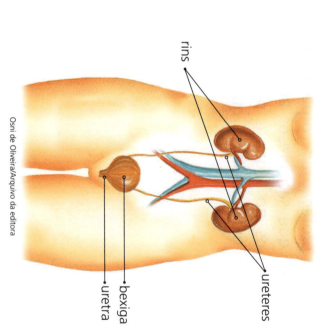

Cores fantasia

Osni de Oliveira/Arquivo da editora

- rins
- ureteres
- bexiga
- uretra

Editorial

Olá!

Nossa revista chega à sua terceira edição abordando alguns temas científicos em evidência no mundo.

Nesta edição, o destaque vai para a reportagem sobre a clonagem, técnica que permite a produção de seres vivos com material genético idêntico. Você verá como os cientistas conseguem clonar vegetais e animais.

O meio ambiente também está na pauta quando discutimos os biomas do Brasil, a Agenda 21, as ações que podem tornar o mundo mais sustentável e a geração de energia em nosso país.

A nossa missão é trazer a ciência até você de forma mais leve e interessante.

Boa leitura!

Meio ambiente — 4
Você já ouviu falar em Agenda 21?

Nossa energia — 16
Fontes de energia

Reportagem de capa — 19
O que é clonagem?

Biomas brasileiros — 6
Pampas
Cerrado
Amazônia
Caatinga
Pantanal
Mata Atlântica

Fique sabendo — 18
Energia solar

Baú de curiosidades — 22
Tudo em um minuto

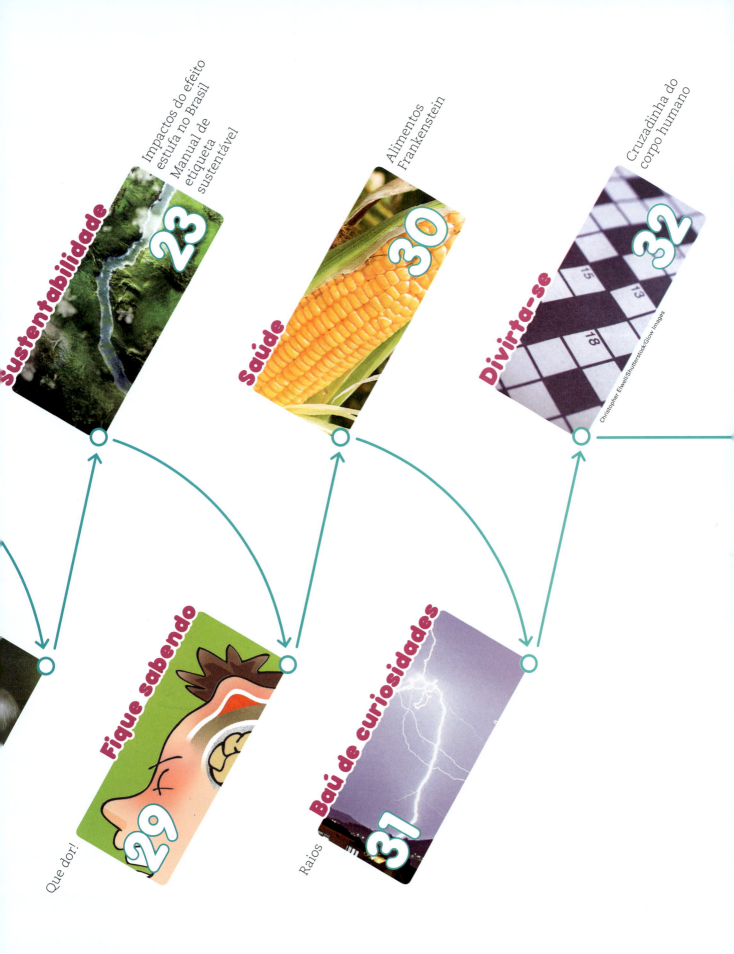

Sustentabilidade — 23
Impactos do efeito estufa no Brasil
Manual de etiqueta sustentável

Saúde — 30
Alimentos Frankenstein

Divirta-se — 32
Cruzadinha do corpo humano

Fique sabendo — 29
Que dor!

Baú de curiosidades — 31
Raios

Meio ambiente

Você já ouviu falar em Agenda 21?

Trata-se de um programa de ação em quarenta capítulos que abrange muitos aspectos da conservação ambiental e do desenvolvimento sustentável, como a saúde, a preservação da água doce e dos oceanos, a pobreza e o tratamento do lixo. Esse documento tornou-se o guia para a administração do meio ambiente pelos governos na maioria das regiões da Terra.

Pachamama: missão Terra 2, escrito por crianças e jovens do mundo todo.
São Paulo: Melhoramentos, 2001. Texto adaptado.

Um dos quarenta capítulos da Agenda 21 ressalta a necessidade da participação de crianças e adolescentes de assuntos relacionados ao meio ambiente e ao desenvolvimento sustentável.

Veja alguns depoimentos que estão na Agenda 21:

Reflorestamento

Eu queria que o mundo ficasse normal, como antes.

Não se deveria cortar árvores.

A Terra pode ficar um deserto se não chover mais.

Para fazer móveis, papéis e construções, algumas árvores têm que ser cortadas, e quem cortar tem de plantar outras no lugar.

O presidente da República deveria dar uma multa para os homens que cortam árvores e não plantam.

Eu tenho umas mudinhas de árvores que ganhei no shopping e vou plantar na casa da vovó, que tem terreno. Eu acho que podem dar frutos.

Cíntia R. C. Ionetti, 7 anos, São Paulo, Brasil

> DESENVOLVIMENTO SUSTENTÁVEL É O DESENVOLVIMENTO ECONÔMICO NO QUAL SE PROCURA PRESERVAR O MEIO AMBIENTE, LEVANDO-SE EM CONSIDERAÇÃO OS INTERESSES DAS GERAÇÕES FUTURAS.

Ilustrações: Studio ALLME/Arquivo da editora

O "rap" do mar

Muitas pessoas jogam lixo no mar,
com isso não poderemos mais pescar
e ficaremos doentes
se lá fora formos nadar,
os peixes não poderão mais respirar.

Autoridades,
vim aqui para me queixar:
toda essa poluição tem de acabar,
senão essa beleza pouco vai durar
e a paz não vai mais lá reinar.
A situação é de desesperar,
tomem cuidado, ou o mar vai acabar.

Dominique Sttanffer, 11 anos, São Paulo, Brasil

De acordo com a Agenda 21, é necessário:

- Aumentar o conhecimento sobre ecossistemas de montanhas e desertos por intermédio de um centro mundial de informações e identificar as áreas mais ameaçadas por inundação, erosão do solo, entre outras.
- Propiciar educação ambiental aos agricultores.
- Não poluir o solo, usando corretamente a terra e plantando árvores que retêm água e mantêm a qualidade do solo, impedindo, dessa maneira, a desertificação.
- Aprovar leis para proteger áreas ameaçadas.
- Fazer planos para garantir a sobrevivência de vítimas potenciais da seca.

Missão Terra: o resgate do planeta – Agenda 21, feita por crianças e jovens.
São Paulo: Melhoramentos, 2000. Texto adaptado.

Biomas brasileiros

Os Pampas no sul

Os Pampas são terras baixas e predominantemente planas localizadas no extremo sul do país. Esses campos ocupam uma área de 178 mil km² e contam com mais de 3 mil espécies de plantas, 476 espécies de aves, 102 espécies de mamíferos e 50 espécies de peixes.

Os Pampas são o menor bioma do Brasil, e também o menos protegido. Devemos fazer nossa parte e pressionar as autoridades a tomar atitudes em prol da conservação da fauna e da flora dessa região.

A ema é uma grande ave presente nos Pampas.

A diversidade do Cerrado

O Cerrado é o segundo maior bioma da América do Sul. Ele ocupa uma área de mais de 2 milhões de km² e abriga uma das maiores biodiversidades do planeta, com mais de 11 mil espécies de plantas, 199 de mamíferos e 837 espécies de aves. Os peixes, répteis e anfíbios também marcam presença em grande número.

Tamanha biodiversidade é ameaçada pela ação humana, pois o Cerrado é o segundo bioma brasileiro mais alterado, atrás somente da Mata Atlântica.

O tamanduá-bandeira, o lobo-guará e o tatu-canastra são mamíferos nativos do Cerrado.

Amazônia, a grande floresta tropical

A Amazônia é uma floresta tropical que se estende por diferentes países: Brasil, Bolívia, Colômbia, Equador, Guiana, Guiana Francesa, Suriname, Peru e Venezuela. No Brasil, ela se distribui pelos estados do Amazonas, Acre, Rondônia, Roraima, Pará, Amapá, Mato Grosso, Maranhão e Tocantins.

Com área de 4,1 milhões de km², a Floresta Amazônica abriga um terço de todas as espécies do mundo. Sua flora abrange 2500 espécies de árvores e é muito explorada para a extração de madeira. Muitas áreas da floresta já foram transformadas em reservas, mas o desmatamento continua crescendo. A Amazônia também é rica em outros recursos naturais, como borracha, castanha, peixes e minérios.

É nessa região que fica a maior bacia hidrográfica do mundo, a bacia Amazônica. É aí também que vive o maior peixe de água doce do mundo, o pirarucu, que atinge até 2,5 metros de comprimento e 250 quilos.

A fauna da Amazônia abrange uma grande diversidade de espécies de aves, como araras, papagaios e tucanos.

pirarucu

As antas, pacas e cotias são mamíferos que habitam a Amazônia. Além deles, existem na floresta grandes predadores, como a onça-pintada e a sucuri, que chega a 10 metros de comprimento.

Mas o maior animal da Amazônia é o peixe-boi, que chega a medir 3 metros e a pesar meia tonelada.

Apesar de rico, esse bioma tem um equilíbrio frágil e constantemente ameaçado pela ação humana. Além da extração de madeira, a agricultura não sustentável é um dos maiores riscos à sobrevivência da floresta, cuja área original já foi reduzida em aproximadamente 15%. Estima-se que até 2020 a Amazônia perderá 25% da sua cobertura nativa.

Disponível em: <www.wwf.org.br>. Acesso em: 9 maio 2011. Texto adaptado.

sucuri

peixe-boi

Cheia de mistérios

A vitória-régia é a maior planta aquática da Amazônia!

- A vitória-régia só vive na água. Ao longo de sua evolução, ela se adaptou a rios e lagos, em climas úmidos e quentes.
- Ela tem a maior folha flutuante do mundo, com até 2 metros de diâmetro e consegue sustentar até 45 quilos distribuídos em sua superfície sem afundar.
- As folhas flutuam porque são formadas por uma estrutura cheia de espaços de ar entre suas células. Se as folhas rasgarem, a água entra nos espaços onde está o ar e a planta afunda.
- A planta parece boiar, mas fica presa por grossas raízes enterradas no solo. Seu caule é cheio de espinhos, que a protegem de predadores.

Revista Recreio. São Paulo: Abril, ano 11, n. 558, 18 nov. 2010. p. 20-21. Texto adaptado.

As belezas da Caatinga

Bioma localizado principalmente no Nordeste do Brasil, a Caatinga é a maior região semiárida habitada no mundo. A região abrange os estados do Ceará, Rio Grande do Norte, Paraíba, Pernambuco, Sergipe, Alagoas, Bahia, Piauí e Minas Gerais. É conhecida pelas secas e pelo calor, com fauna e flora muito características.

Vegetação peculiar

A biodiversidade da Caatinga é grande, principalmente nos brejos, regiões com mais umidade. Nas regiões mais secas, que englobam a maior parte desse bioma, as árvores precisam ser resistentes: o solo é seco e pedregoso, as temperaturas são muito altas (até 60 °C), o que não é apropriado para muitas espécies vegetais.

O mandacaru é um cacto que pode ser encontrado na Caatinga. Para sobreviver a longos períodos sem chuva, ele armazena água em seu interior. O juazeiro é outra árvore típica da região que pode viver tanto em áreas secas como em áreas mais úmidas. Ele dá flores e frutos, e suas folhas são usadas para fazer remédios.

juazeiro

mandacaru

AS PLANTAS DA CAATINGA PERDEM AS FOLHAS NO PERÍODO DE SECA. POR ISSO O BIOMA TEM ESSE NOME, QUE EM TUPI SIGNIFICA "MATA BRANCA".

O homem e a vida animal

Os períodos de seca na Caatinga podem durar até oito meses por ano. Por isso, muitas pessoas que vivem na região precisam migrar constantemente em busca de lugares onde possam plantar ou criar gado.

Na Caatinga há mais de trezentas espécies de animais. Entre elas estão as duas aves mais ameaçadas de extinção no Brasil: a ararinha-azul e a arara-azul-de-lear. Esses dois pássaros se tornaram raros em razão da caça e do comércio ilegal, além da destruição de seu *habitat*.

tamanduá-mirim

ararinha-azul

O tamanduá-mirim também pode ser encontrado nesse ambiente. Ele se alimenta de insetos, principalmente de cupins. Sua longa cauda o ajuda na locomoção e também a apanhar alimentos nas árvores.

A natureza do Pantanal

O Pantanal Mato-Grossense é a maior planície alagada do continente americano. Localiza-se entre os estados de Mato Grosso e Mato Grosso do Sul, avançando também sobre as fronteiras com o Paraguai e a Bolívia. Ele tem de 80 metros a 100 metros de altitude.

Na fauna, destacam-se o jacaré e o tuiuiú, uma ave branca, cujo pescoço muda de cor (vermelho ou rosa) conforme seu humor.

tuiuiú

urucuzeiro

Algumas das árvores mais conhecidas do Pantanal são: a lixeira, que possui uma folha áspera; o carandá, cujos frutos servem de alimento para diversos tipos de peixes; o jenipapeiro e o urucuzeiro, dos quais se obtêm tintas para tatuagens e pinturas corporais; o paratudo, com o qual se faz chá; e a peúva ou ipê (rosa ou branco), entre outras.

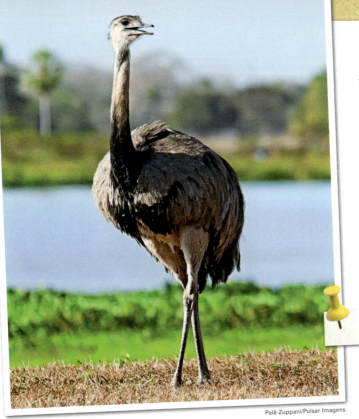

As maiores aves do Pantanal são o tuiuiú, o maguari e a ema. O tuiuiú chega a ter 3 metros de envergadura (distância entre as pontas das duas asas abertas). A ema chega a medir 1,5 metro de altura e pesar 40 quilos. Por causa do tamanho, a ema não voa. O maguari, que é cinza e branco e tem o bico laranja, é um pouco menor que o tuiuiú e a ema.

ema

arara-vermelha

No Pantanal, existem três espécies de gavião: o gavião-preto, o fumaça e o gavião-belo. Os biguás, as araras (azuis e vermelhas), as aracuãs, as curicacas, os socozinhos, os anus (branco, preto e coroca), as maitacas, os chupins, os carcarás e os mutuns são algumas aves que aparecem na época da cheia.

Com tantos rios, o Pantanal abriga mais de 250 tipos de peixes, como o jaú e o pintado, que são considerados os maiores (o jaú mede 90 centímetros, e o pintado pode atingir 2 metros de comprimento); o dourado, que mede cerca de 55 centímetros e se alimenta de peixes menores; o coimbra, também chamado corimbatá, que mede até 38 centímetros; e a piranha, que é pequena e carnívora, ou seja, alimenta-se de carne de outros animais.

gavião-belo

pintado

piranhas

Conheça a Mata Atlântica

A Mata Atlântica é uma floresta que cobria originalmente quase todo o litoral brasileiro, atravessando o país de norte a sul (do Piauí até o Rio Grande do Sul), além de parte da Argentina e do Paraguai.

Hoje, essa área é ocupada pela maior parte da população brasileira. O surgimento das cidades levou ao desmatamento e a problemas de conservação da floresta.

papagaio-da-cara-roxa

A cor verde representa a área original de Mata Atlântica. Hoje, pouco dessa floresta está preservada.

Como a Mata Atlântica ocupa uma área muito extensa, ela abrange rios e lagos e diferentes tipos de clima e solo. Ela abriga, portanto, muitos animais aquáticos e terrestres e espécies vegetais.

dourado

capivara

Peixes como dourado e pacu são encontrados no bioma, além de milhares de espécies de animais. Frequentemente os cientistas descobrem espécies novas.

A capivara, por exemplo, é um grande roedor que vive perto dos rios e lagos dessa região. Ela se alimenta de plantas, vive em grupos e tem hábitos noturnos.

Como exemplos da diversidade de plantas da Mata Atlântica podemos citar o cajueiro e o palmito-juçara, explorados pela indústria de alimentos.

O pau-brasil, árvore-símbolo de nosso país, era abundante na região, mas por causa da exploração excessiva, hoje ele se tornou raro.

pau-brasil

Nossa energia

Fontes de ENERGIA

Até cerca de 150 anos atrás, o homem queimava madeira para conseguir calor e cozinhar e usava a força animal para mover coisas. Desde que os combustíveis fósseis se tornaram acessíveis, o mundo passou a consumir cada vez mais energia.

Formados por restos de seres vivos, os combustíveis fósseis (carvão, petróleo e gás natural, por exemplo) vêm do subsolo. Esses combustíveis não vão durar para sempre e sua queima aquece a atmosfera (eles são responsáveis por 80% das emissões de dióxido de carbono causadas pelo homem). Se continuarmos queimando esses materiais até que eles se esgotem, a temperatura média da Terra pode subir mais de 4 °C. Por isso, precisamos reduzir esse consumo e encontrar novas fontes de energia.

Planeta Terra: enciclopédia de Ecologia. São Paulo: Abril, 2008. p. 30-31.

Carvão

Queimamos carvão para obter calor ou, em usinas elétricas, para colocar em funcionamento turbinas que geram eletricidade.

Ainda existe carvão suficiente para fornecer energia ao mundo todo por mais de mil anos.

Gás natural

O gás natural é o metano extraído de camadas do solo que ficam logo acima das reservas de petróleo. Como o carvão, é queimado para gerar calor ou eletricidade.

Os especialistas acreditam que as reservas devem durar até o final deste século.

Petróleo

Por ser líquido, o petróleo é mais fácil de manejar do que o carvão. O petróleo pode ser refinado e produzir combustíveis como a gasolina e o óleo *diesel*. Ele também é usado na fabricação de produtos como plásticos, remédios e sabão.

Alguns especialistas acreditam que exista petróleo suficiente para gerar energia para o mundo inteiro até o fim deste século. Outros acham que a extração de petróleo está próxima de seu pico e deve começar a diminuir em breve.

Energia nuclear

Os reatores nucleares geram eletricidade usando a energia que existe no interior dos átomos. Para isso, os átomos de urânio são divididos, liberando massas de energia.

Energia renovável

Diferentemente dos combustíveis fósseis, as fontes de energia renovável nunca acabarão. Entre elas, podemos citar a luz solar (coletada em painéis especiais), o vento (que impulsiona turbinas), a água (cuja força move as usinas hidrelétricas), as ondas do mar e o calor da Terra preso no subsolo.

Planeta Terra: enciclopédia de ecologia. São Paulo: Abril, 2008. p. 30-31. Texto adaptado.

De onde vem a nossa energia?

No Brasil, atualmente a energia elétrica vem das seguintes fontes:

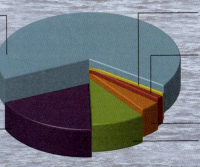

- 66,46% hídrica
- 18,81% fóssil (carvão, gás natural e petróleo)
- solar 0,01%
- nuclear 1,43%
- eólica 3,76%
- biomassa 9,52%

Fonte: Agência Nacional de Energia Elétrica (dados de 2015).

Fique sabendo
Energia solar

Muitos cientistas acreditam que a energia solar se tornará, em longo prazo, a mais importante das energias pois, ao contrário do vento ou das marés, a luz do Sol está em toda parte. Ela pode ser aproveitada até mesmo em regiões mais frias, onde o Sol é geralmente coberto por nuvens. Também pode ser captada por aparelhos pequenos, do tamanho de eletrodomésticos, fazendo com que o consumidor não dependa de centrais de fornecimento de energia.

Energia alternativa: solar, eólica, hidrelétrica e de biocombustíveis, de Marek Walisiewicz. São Paulo: Publifolha, 2008. p. 46-48. Texto adaptado.

José Alcino criou um painel solar feito com garrafas PET. Além de esquentar a água sem gastar energia elétrica, reaproveita grande quantidade de plástico.

A energia solar é captada por grandes placas.

Reportagem de capa

O que é clonagem?

A clonagem consiste na produção de seres vivos com genes iguais. Para saber o que são genes, é preciso primeiro saber o que é DNA.

O DNA é encontrado no interior de todas as células. Suas moléculas contêm as informações necessárias para a formação e a reprodução dos seres vivos. Cada informação existente no DNA recebe o nome de gene. Uma molécula de DNA possui muitos genes, que influenciam em diversas características físicas, como cor dos olhos, altura, tipo de cabelo, entre outras.

A clonagem acontece quando um ser é gerado de células ou fragmentos de uma mesma matriz, por meio de um processo de reprodução assexuada. A clonagem resulta na obtenção de cópias geneticamente idênticas de um ser vivo.

Como os clones têm genes iguais, apresentam as mesmas características físicas. São cópias um do outro.

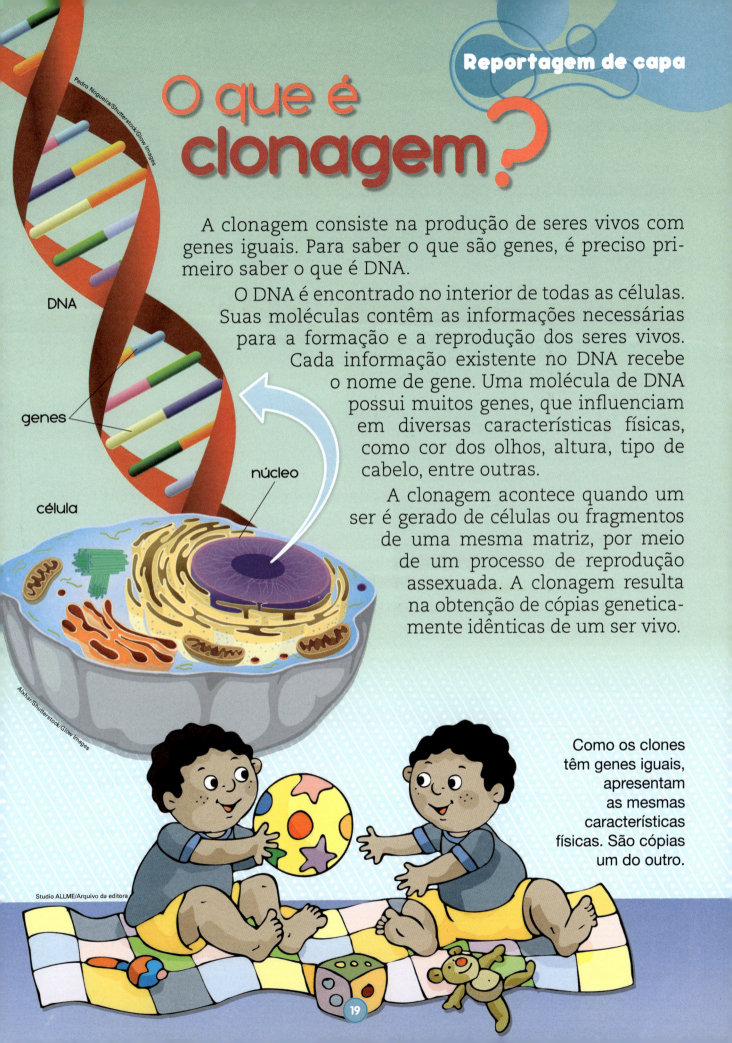

Clonagem de plantas

Clonar vegetais é fácil. Agricultores e jardineiros fazem isso com frequência ao plantarem mudas de uma mesma planta.

Clonagem de animais

É possível clonar animais separando-se artificialmente as células de um embrião no começo do seu desenvolvimento. Nessa fase, caso seja separada das outras, uma célula é capaz de se tornar um embrião. Esse método permite criar vários clones, mas os cientistas não podem escolher as características genéticas deles, já que o processo é feito com um embrião formado naturalmente.

Só existe um caso em que, a partir de processos naturais, dois ou mais animais podem ser considerados clones: o dos gêmeos idênticos, que ocorre quando a célula que daria origem a um novo indivíduo se divide formando dois ou mais embriões. Por terem surgido a partir da mesma célula, eles têm o mesmo DNA, o que os faz fisicamente idênticos.

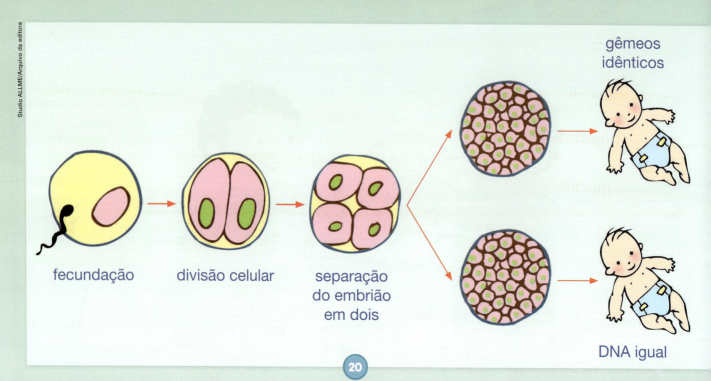

Em 1996, cientistas escoceses criaram uma técnica diferente para fazer clones. Para isso, utilizaram três ovelhas.

Primeiro, eles pegaram um óvulo da ovelha 1 e retiraram o seu núcleo, que é o local onde ficam os genes. Depois, pegaram uma célula da mama da ovelha 2, tiraram seu núcleo e o inseriram dentro do óvulo sem núcleo da ovelha 1. O óvulo da ovelha 1 com o núcleo da célula da ovelha 2 foi posto no útero da ovelha 3. Ele se desenvolveu e gerou uma ovelha com os genes iguais aos da ovelha 2: um clone, que recebeu o nome de Dolly.

Veja que espantoso: para Dolly nascer, não foi preciso que um espermatozoide se unisse a um óvulo e formasse uma célula. Substituiu-se apenas o núcleo do óvulo pelo núcleo de uma célula da mama. Essa célula poderia ser de qualquer outro lugar do corpo, pois os genes que comandaram o desenvolvimento de Dolly podem ser encontrados em todas as células.

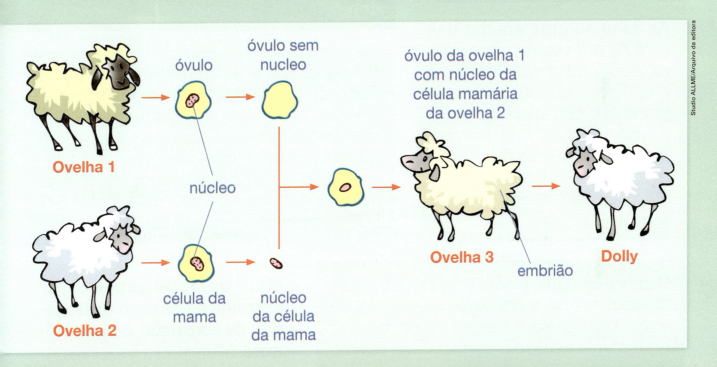

Em 2002, aos 6 anos de idade, Dolly apresentou sinais de inflamação no quadril e no joelho esquerdo, o que não é comum em ovelhas nessa idade. Por isso, suspeita-se que Dolly teria nascido velha. Como foi clonada da célula de uma ovelha de 12 anos, sua idade aos 6 anos seria equivalente a 12 anos, o que pode ter contribuído para o surgimento da doença.

Dolly morreu em 2003.

Dolly aos 6 anos de idade.

Ciência Hoje das Crianças. Rio de Janeiro: SBPC, ano 15, p. 9, mar. 2002. Texto adaptado.

Baú de curiosidades

Tudo em um minuto

O bicho-preguiça pode se mover 4 metros em 1 minuto. Ele se move tão lentamente que até limo cresce em seus pelos, o que o ajuda a se esconder dos predadores.

As asas de uma abelha batem 75 mil vezes por minuto. Isso é muito rápido para que o olho humano consiga enxergar claramente; tudo o que vemos é um borrão. E a abelha-rainha é praticamente uma fábrica de ovos: ela põe mais de um ovo por minuto.

A lula chega a se mover numa velocidade de até 666,6 metros por minuto. Ela é quase um jato disfarçado: usa seu sistema de propulsão para se movimentar pela água. Uma lula pode se movimentar mais de 110,9 metros em menos de 10 segundos, o que é muito mais do que os corredores olímpicos conseguem.

Um guepardo pode correr 1,9 quilômetros em 1 minuto. Ele se move mais rápido do que qualquer animal terrestre e do que a maioria dos carros esportivos.

Mais de 5500 espécies de animais se tornam ameaçadas de extinção a cada minuto. Muitos dos *habitats* desses animais ameaçados estão sendo destruídos em quantidades alarmantes. Sem um lugar para viver, eles se mudam para os locais mais próximos, onde muitas vezes não conseguem sobreviver. A boa notícia é que existem mais de 3500 áreas protegidas no mundo.

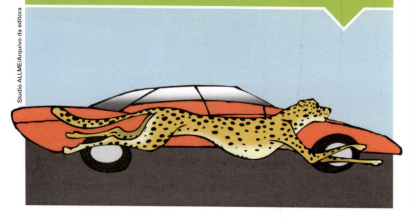

Cada minuto na Terra, de Steve Murrie e Matthew Murrie. São Paulo: Panda Books, 2009. p. 68-73. Texto adaptado.

Sustentabilidade

Impactos do EFEITO ESTUFA no Brasil

Saiba o que pode acontecer no Brasil, até 2020, por causa do efeito estufa.

Amazônia
- Diminuição no nível dos rios.
- Secas mais frequentes e mais intensas.
- Queimadas mais severas.

Nordeste
- Desertificação de área equivalente a um sexto do território brasileiro.
- Falta de água para cerca de 32 milhões de pessoas.
- Êxodo para o Sudeste ou para o litoral.

Centro-Oeste
- Cultivo da soja prejudicado pela seca.
- Aumento das pragas nas plantações.
- Estiagens prejudicando a geração de energia hidrelétrica.

Sudeste
- Temporais intercalados com períodos de seca.
- Problemas na geração de energia hidrelétrica.
- Clima impróprio para cultivo de café e de muitas frutas.
- Diminuição da Mata Atlântica em larga escala.

Pantanal
- Secas mais fortes prejudicando o ciclo das águas.
- Diminuição da biodiversidade.

Sul
- Aumento de temporais e outros fenômenos atmosféricos, como o ciclone Catarina.
- Aumento na frequência de noites quentes, afetando a saúde.

Litoral brasileiro
- Elevação do nível do mar, encobrindo muitas praias.
- Extinção de várias espécies migratórias e de até 90% de espécies comerciais, como o atum.
- Maior acidez marinha afetando crustáceos e espécies que formam conchas.
- Erosões no litoral que podem afetar 42 milhões de pessoas.

Terra em alerta, de Neide Simões de Mattos e Suzana Facchini Granato. São Paulo: Saraiva, 2010. p. 44.

Manual de etiqueta sustentável

Saiba mais sobre o movimento Planeta Sustentável, que é uma iniciativa liderada pela editora Abril, com parceria de diversas empresas, cujo objetivo é informar as pessoas e promover a **sustentabilidade**, ou seja, o desenvolvimento sem comprometer o futuro.

Em seguida, veja algumas dicas de como viver de forma ecologicamente correta, recolhidas do *Manual de etiqueta sustentável* do *site* do movimento. São sugestões de atitudes simples que você pode adotar (ou sugerir a outras pessoas que adotem) e que farão a diferença na preservação da vida no nosso planeta.

marema/Shutterstock/Glow Images

O jogo mudou

Ecologia deixou de ser um assunto restrito a entusiastas e cientistas. O tema, muitas vezes visto como árduo no passado, agora ocupa as manchetes de jornais e até as colunas sociais.

O que era chato ficou chique. Empresas, mídia, governos, bancos, astros de Hollywood e do Brasil passaram a discutir – com urgência – como fazer para salvar o homem do aquecimento global e melhorar a qualidade de vida na Terra. A noção de sustentabilidade começa a ganhar as ruas.

O movimento Planeta Sustentável faz parte dessa corrente que pretende amenizar nosso impacto sobre o ambiente e tornar a convivência social cada vez mais civilizada.

O manual quer provar como é possível promover pequenos gestos que conduzirão a grandes mudanças se forem adotados por todos nós. Um bom começo é praticar os "três erres": reduzir, reutilizar e reciclar.

As dicas e informações que você vai ler a seguir podem ser aplicadas no dia a dia agora mesmo, em sua própria casa, no trabalho ou na escola, circulando pelas ruas e em sua vida pessoal.

A luta pela sustentabilidade será vencida em diversas frentes – que vão da tecnologia à política. Mas em todas elas será preciso promover a mudança de hábitos pessoais. Este manual ensina como começar a modificar os seus. É preciso fazer algo. E devemos fazer já.

Dicas

1 Usar a mangueira de água para limpar a calçada – a chamada "vassourinha hidráulica" – é uma atitude irresponsável que ainda é praticada com frequência. Em 15 minutos, o desperdício é de 280 litros.

2 Não deixar que as torneiras fiquem pingando inutilmente é economia líquida e certa de água e de dinheiro.

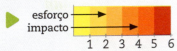

3 Assim como escovar os dentes ou fazer a barba com a torneira aberta, ensaboar a louça com água limpa escorrendo na pia é puro desperdício.

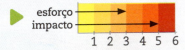

4 Abrir a geladeira e ficar pensando no que vai pegar para comer com a porta aberta gasta energia.

5 O *screen saver* cheio de efeitos especiais do computador não é a melhor maneira de economizar energia. O monitor ligado, mesmo com aquele descanso de tela bacana, é responsável por até 80% do consumo do computador. Mais eficiente é configurar a máquina para o modo de economia de energia. Assim, ele vai desligar automaticamente toda vez que você se ausentar.

6 Seja bem-vinda a luz natural! Abrir janelas, cortinas, persianas, deixar o sol entrar e iluminar a casa é bem melhor que acender lâmpadas desnecessariamente. Além de fazer muito bem ao seu humor, você também vai economizar dinheiro no fim do mês.

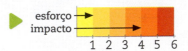

7 Os aparelhos que ficam dia e noite em modo *stand by* são mais uma invenção em nome do conforto. Só esqueceram de dizer que isso consome energia sem necessidade. Puxar a tomada de todos eles quando não estiverem em uso faz o valor da conta de luz cair bastante.

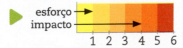

8 Vizinhança sustentável: painéis de energia solar para aquecer a água do chuveiro estão ficando cada vez economicamente viáveis. Discuta a possibilidade de sua instalação com os vizinhos.

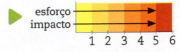

9 Ir à escola caminhando é saudável. Faz com que você se habitue a andar a pé e preste mais atenção ao lugar onde vive. Se não for possível, sugira a quem leva você que dê carona aos seus colegas.

Studio ALLME/Arquivo da editora

10 Ir às compras caminhando até o mercadinho ou a feira perto de casa pode ser divertido e saudável. Pode ser que um ou outro produto esteja um pouco mais caro que naquele hipermercado de sua preferência. Mas a economia de combustível e de paciência ao se evitar aquela procura cansativa por uma vaga no estacionamento lotado não tem preço.

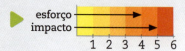

11 Não tem atitude mais grosseira e anticidadã que atirar latas ou outros dejetos pela janela do carro. As crianças precisam saber disso quando estão a bordo.

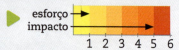

12 Carro não é o meio de transporte ecologicamente mais correto. Usá-lo com moderação é sempre recomendável, especialmente para quem tem aqueles enormes 4x4 movidos a *diesel*.

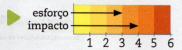

13 Lembre-se: as áreas verdes da sua cidade pertencem a você. Ocupar esses espaços e zelar por eles são gestos de cidadania. O verde é importante para a saúde física e mental, ajuda a retirar CO_2 da atmosfera e cria consciência ambiental em cada um de nós.

14 Quem gosta da companhia de animais domesticados em casa pode optar pela adoção, em vez de gastar dinheiro na compra de um no *pet shop*. Essa atitude ajuda a tirar um cão ou gato das ruas, evitando doenças como a raiva.

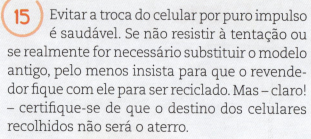

15 Evitar a troca do celular por puro impulso é saudável. Se não resistir à tentação ou se realmente for necessário substituir o modelo antigo, pelo menos insista para que o revendedor fique com ele para ser reciclado. Mas – claro! – certifique-se de que o destino dos celulares recolhidos não será o aterro.

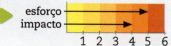

16 Na hora das compras lembre-se de que tudo o que está nas prateleiras das lojas teve um gasto de energia elétrica e de recursos naturais para ser produzido, inclusive as embalagens. Escolher produtos com menos embalagens é sempre uma boa ideia.

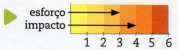

17 Levar uma sacola de pano ou de plástico durável na bolsa, na mochila ou no porta-luvas do carro evita o uso de sacolinhas plásticas descartáveis nas compras.

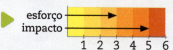

18 É inestimável o poder do consumidor. Entrar em contato com a empresa que fabricou algo que você consumiu e não agradou faz com que ela repense métodos de produção mais eficientes e sustentáveis.

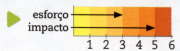

19 Passar pelo menos um dia por semana sem entrar em uma loja é um bom começo de aprendizado para abolir o vício das compras compulsivas. Se entrar, ao menos recuse as sacolas plásticas e embalagens em excesso. Você tem o hábito de recusá-las?

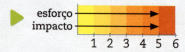

Ilustrações: Studio ALLME/ Arquivo da editora

20 Na escola, uma boa opção é utilizar o papel ecoeficiente ou o reciclado. A produção do ecoeficiente usa os recursos da natureza de maneira racional. Tem como matéria-prima o eucalipto plantado para essa finalidade e colhido após sete anos. Para ficar com a aparência que todos conhecem, enfrenta processo de branqueamento. O papel ecoeficiente é feito de fibra de árvores manejadas de forma sustentável, evitando o impacto negativo no meio ambiente.

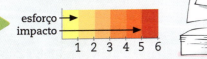

21 Você já ouviu falar dos três Erres?
Reduzir – Diminuir o consumo para reduzir a quantidade de resíduos produzidos.
Reutilizar – Fazer uso dos produtos até o limite máximo de sua vida útil, reutilizar o que puder – embalagens, por exemplo –, consertar em vez de descartar e doar o que já não for útil para você.
Reciclar – Separar restos de comida e resíduos molhados das embalagens de plástico, metal e papel que podem ser reutilizadas novamente.

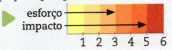

22 Parar e pensar bem antes de descartar objetos que já não interessam mais permite que você se motive a doá-los a alguma entidade assistencial. Esse material que está apenas ocupando espaço em casa certamente será útil para muita gente.

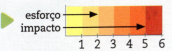

23 Não jogar pilhas e baterias de celular velhas no lixo evita que suas substâncias tóxicas contaminem o solo e os lençóis freáticos. Basta separá-los e procurar um posto de coleta perto de casa. O uso de pilhas recarregáveis também ajuda a diminuir esse lixo tóxico.

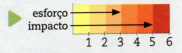

24 Na hora de jogar o lixo no lixo, amassar todas as embalagens recicláveis facilita o trabalho dos catadores e recicladores. Retirar o excesso de resíduos também ajuda bastante.

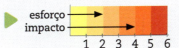

25 Recolher o cocô do cachorro com saquinhos e depois largá-los num canto da calçada não resolve o problema. O correto é depositá-los na lata de lixo. Você pode recolhê-los, ainda, com páginas do jornal que você já leu e descartou.

Studio ALLME/Arquivo da editora

26 A rua não foi feita para jogar lixo, mesmo que seja um papel de bala. Resíduos despejados no chão vão parar nas "bocas de lobo", podem entupir a rede de esgotos e causar enchentes. Se chegarem aos córregos, rios e mananciais farão um grande estrago, poluindo as águas.

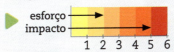

27 O Brasil recicla 96% das latinhas de alumínio. Com isso, é possível evitar a extração de bauxita, economizar energia elétrica e evitar a emissão de quantidades de gás carbônico na atmosfera.

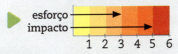

O que PODE e o que NÃO PODE ser reciclado

PODE	NÃO PODE
• Garrafa e pote de vidro	• Espelho
• Garrafa PET	• Lenço de papel, papel higiênico, absorvente e fralda descartável
• Sacola de plástico	• Louça
• Papel e papelão	• Barbeador descartável
• Filme plástico de embalagem	• Papel-carbono
• Lata de aço, incluindo a de aerossol	• Esponja de aço
• Lata de alumínio	• Etiqueta adesiva
• Isopor	• Clipe e grampo
• Tampa de aço de pote e de garrafa	• Cabo de panela
• Papel-alumínio e embalagem de marmitex	• Tomada
• Embalagem longa-vida	• Vidro refratário de panela e travessa para micro-ondas
• Lâmpadas incandescente e fluorescente	

Paulo Fridman/Corbis/Latinstock

Coleta seletiva é...

Um sistema de recolhimento de materiais descartados para serem reciclados ou mesmo reutilizados.

Reciclagem é...

O processo de transformação de materiais (plástico, papel, metal, vidro) em novos produtos. Isso economiza matéria-prima, água e energia elétrica e diminui a quantidade de dejetos nos aterros sanitários.

Disponível em: <http://planetasustentavel.abril.com.br/manual/>.
Acesso em: 17 maio 2011. Texto adaptado.

Que dor!

Fique sabendo

Os galos surgem quando batemos a cabeça em algum lugar. Quer saber por que eles aparecem?

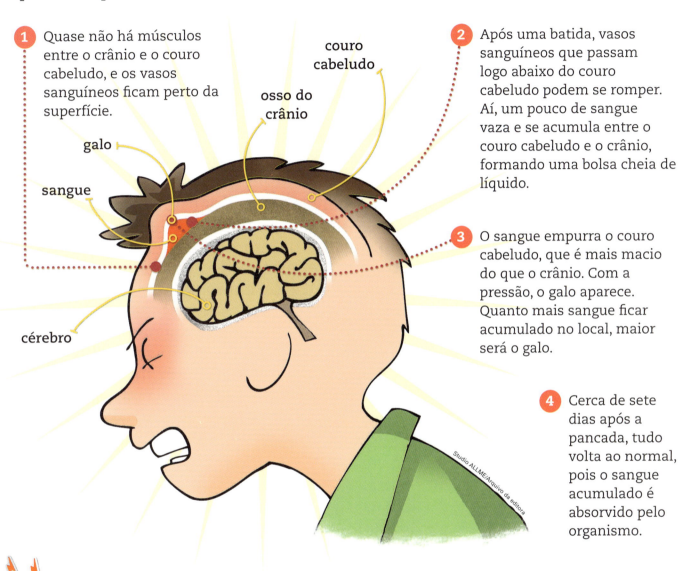

1 Quase não há músculos entre o crânio e o couro cabeludo, e os vasos sanguíneos ficam perto da superfície.

2 Após uma batida, vasos sanguíneos que passam logo abaixo do couro cabeludo podem se romper. Aí, um pouco de sangue vaza e se acumula entre o couro cabeludo e o crânio, formando uma bolsa cheia de líquido.

3 O sangue empurra o couro cabeludo, que é mais macio do que o crânio. Com a pressão, o galo aparece. Quanto mais sangue ficar acumulado no local, maior será o galo.

4 Cerca de sete dias após a pancada, tudo volta ao normal, pois o sangue acumulado é absorvido pelo organismo.

Bateu, e agora?

Logo depois da pancada, é legal fazer compressas de gelo no local. Aí, menos sangue vaza e o galo fica menor. Algumas pessoas têm o costume de encostar uma faca sobre o galo. Como a lâmina é fria, também ajuda. Mas atenção: se a pancada for forte, fique onde está e chame alguém para levá-lo ao médico. E fique de olho no galo: se ele ficar muito grande ou demorar para sumir, procure um médico.

Revista Recreio. São Paulo: Abril, ano 11, n. 566, 13 jan. 2011, p. 16-17.

Saúde

Alimentos Frankenstein

Cerca de 80% do milho plantado nos Estados Unidos em 2008 era de sementes geneticamente modificadas.

O personagem de ficção Victor Frankenstein tinha um grande plano: criar vida. Ele juntou pedaços de vários corpos para formar uma criatura. Depois de dar vida a esse ser, ficou horrorizado com o que havia feito: um monstro!

O ser humano deveria criar novos tipos de plantas para se alimentar ou será que existe o perigo de inventar algo monstruoso? Quem se opõe à modificação do material genético das plantas usa esse argumento contra os chamados alimentos transgênicos. Eles dizem que os transgênicos podem ter efeitos prejudiciais à saúde ainda não previstos. Por outro lado, quem defende os transgênicos diz que eles podem ter características positivas, tais como resistência a insetos ou alto teor de vitaminas.

Há muitas perguntas que envolvem a questão dos transgênicos. Dois pontos se destacam: se eles podem ser nocivos à saúde e causar algum impacto ambiental.

Os genes usados para criar transgênicos podem vir de diferentes organismos. Alguns tipos de milho resistentes a insetos, por exemplo, têm material genético de bactérias.

Muitos opositores aos transgênicos argumentam que técnicas tradicionais de cultivo seletivo poderiam ser usadas para desenvolver características favoráveis nos alimentos. Isso ocorre naturalmente, às vezes. Os morangos cultivados no mundo inteiro, hoje em dia, são uma mistura de duas espécies diferentes que se cruzaram por acidente na Europa, em meados de 1700. Eles são bem maiores do que os originais.

Explore o curioso mundo da ciência. São Paulo: Abril, 2010. p. 16-17. Texto adaptado.

Raios

Baú de curiosidades

Ao contrário do que muitos pensam, os raios não são causados pelo choque das nuvens. Na verdade, eles são descargas elétricas que se originam dentro delas.

Os raios são semelhantes às correntes elétricas que fazem funcionar os eletrodomésticos em nossas casas; entretanto, são muito mais fortes. Por isso, quando caem, costumam causar grandes estragos.

Disponível em: <http://chc.cienciahoje.uol.com.br/noticias/geografia/raios/>. Acesso em: 3 maio 2011. Texto adaptado.

Qual é a diferença entre raio, relâmpago e trovão?

O raio é a descarga elétrica propriamente dita. Já o relâmpago é a luz do raio, e o trovão, seu som.

Você sabia?

- Em um segundo, cem raios iluminam o céu em diferentes regiões do mundo.
- O brilho de um relâmpago dura, em média, meio segundo.
- Seu calor é tão forte (30 000 °C, cinco vezes a temperatura da superfície do Sol) que o ar à sua volta se expande com um estrondo, dando origem ao trovão.

O guia dos curiosos, de Marcelo Duarte. São Paulo: Panda Books, 2010. p. 55-56. Texto adaptado.

Tempestade de raios em Santa Maria (RS), em 2009.

Cruzadinha
do corpo humano

Vamos preencher o diagrama, respondendo às questões a seguir?

1. Órgão propulsor do sangue que bate em média setenta vezes por minuto.
2. Dente do juízo.
3. Órgãos que ficam nas cavidades do tórax e do abdômen.
4. Uma das camadas da pele.
5. Responsável pelo raciocínio, controla todas as reações do ser humano.
6. O _____ humano é capaz de distinguir 10 milhões de diferentes tonalidades de cor.
7. O osso mais comprido do corpo.
8. Responsáveis por todos os movimentos do corpo.
9. O mesmo que glóbulos vermelhos.
10. Pigmento que determina a cor da pele.
11. O menor osso do corpo, localizado na orelha interna.

Saiba mais! Turma da Mônica: corpo humano. São Paulo: Panini Comics, n. 43, 2011. p. 28.